Biografías Hoy

Volumen 1

Ana María Morillo
Editora de textos en idioma español

Cherie D. Abbey
Editora gerente

Omnigraphics

615 Griswold Street
Detroit, Michigan 48226

Contenido

Preface

Biografías Hoy is the Spanish-language counterpart of *Biography Today*, which has been published since 1992. This library of collective biographies covers people currently in the news: entertainers, political leaders, writers, scientists and inventors, athletes, and more.

Meeting the Need for Spanish-Language Materials

Over the past ten years, *Biography Today* has successfully addressed the need for accurate, readable information on people in the news for the English-speaking audience. But it has become clear that similar materials are lacking for Spanish speakers and students of Spanish. *Biografías Hoy* was created to address this need.

To develop this new series, we turned to our Spanish Language Editor, Ana Maria Morillo. A native of Seville, Spain, Ms. Morillo holds a B.S. degree in foreign language education and an M. Ed. degree in children's literature from the University of Georgia. She is currently a Spanish teacher at Thomas County Central High School in Thomasville, Georgia. In addition, she is a Spanish culture consultant with over ten years experience in visual art and design, dance, and in organizing Spanish theme events for museums and other community groups. Ms. Morillo has contributed her expertise in language and culture to the format and development of *Biografías Hoy*.

The Plan of the Work

Each issue of *Biografías Hoy* contains approximately 10 sketches arranged alphabetically. Bold-faced rubrics lead the reader to information on birth, youth, early memories, education, first jobs, marriage and family, career highlights, memorable experiences, hobbies, and awards. Contact information and web sites are also included. In addition, pictures are provided to illustrate the biographical information.

The sketches in this first volume of *Biografías Hoy* were selected from recent editions of *Biography Today*; the English-language volumes where each sketch originally appeared are listed on page 8. Because some of the subjects profiled have had significant developments in their lives since the original sketches were published (for example, George W. Bush was a presidential candidate

5

when originally covered), some of the sketches were updated before publication in *Biografías Hoy.*

Therefore, not every sketch is a word-for-word translation of the original English version. For the most part, however, the information that differs from the original version occurs near the end of the sketch (marriages, divorces, children, new works for entertainers and authors). In addition, where the editors could identify helpful, easily accessible further reading resources in Spanish, they were included as such; where no such resources were identified, only English-language resources were included. These Spanish and English resources are clearly delineated in the section "Más Información."

Index

There is an index in Spanish to the sketches in *Biografías Hoy;* that index includes names, occupations, nationalities, and ethnic and minority origins for all individuals profiled in *Biografías Hoy.* In addition, there is a list of profiles which have appeared in the English-language *Biography Today* library; that list is included here in English.

Explanatory Notes

A few translation issues regarding the translation of titles and names require explanation. Many of the entries in *Biografías Hoy* feature creative works by the individuals profiled. The titles of these creative works—films, recordings, and books—have been rendered in the form that would be most familiar to the Spanish-speaking audience. Therefore the titles in *Biografías Hoy* follow these conventions:

Some works were originally created in Spanish. These works are only mentioned by their titles in Spanish. An example would be the recording *Pies descalzos,* a CD by Shakira that was released only in Spanish. That work is always called *Pies descalzos.*

But many of the creative works covered in these profiles have English-language titles. These are handled in two ways.

> Some works have been distributed to Spanish-language markets primarily under Spanish titles. Those works would be best known to Spanish speakers by their Spanish titles. So the first time those works are mentioned the Spanish title is listed, followed by the English title in parentheses; in subsequent mentions, only the Spanish title is given. An example would be the Jennifer López film *La experta en bodas (The Wedding Planner),* which appears under its Spanish title.

> Some works have been distributed to Spanish-language markets primarily under English titles. Those works would be best known to

Spanish speakers by their English titles. So those titles are given only in English. An example of this would be the Julia Roberts film *Pretty Woman*, which is listed under its English title.

The listings of honors and awards follow similar conventions. When the awarding institution is an English-speaking organization, the official name of the award appears in English, followed by a Spanish translation. When the awarding institution is a Spanish-speaking organization, the name of the award appears only in Spanish.

The names of institutions were handled in a similar fashion. Spanish-language publications treat references to such institutions as colleges and universities in two ways: either the institution is referred to by the name by which it is known in its home country (for example, *Harvard University*) or a translation of the name is offered (for example, *la Universidad de Harvard*). In *Biografías Hoy*, the convention in the first example will be followed, for purposes of clarity.

Your Comments Are Welcome

We are excited to be offering this new series in Spanish. Now we hope to hear from you. Please let us know what you think about *Biografías Hoy*, and how we can improve it. Please write or call us with your comments.

Cherie Abbey
Managing Editor, *Biography Today*
Omnigraphics, Inc.
615 Griswold Street
Detroit, MI 48226
editor@biographytoday.com

Please visit our web site
www.biographytoday.com

Dónde encontrar los artículos en inglés

Los artículos de este volumen de *Biografías Hoy* se publicaron originalmente en inglés en los siguientes volúmenes de *Biography Today*:

Tom Brady	*Biography Today Sports,* Volumen 7
George W. Bush	*Biography Today,* septiembre del 2000, y actualiza-ciones en las Recopilaciones Anuales (Annual Cumulations) del 2000, 2001 y 2002
Jennifer López	*Biography Today,* enero del 2002
Frankie Muñiz	*Biography Today,* enero del 2001
Ellen Ochoa	*Biography Today,* abril del 2001, y actualización en la Recopilación Anual (Annual Cumulation) del 2002
Julia Roberts	*Biography Today,* septiembre del 2001
Alex Rodríguez	*Biography Today Sports,* Volumen 6
J.K. Rowling	*Biography Today,* septiembre de 1999, y actualiza-ciones en las Recopilaciones Anuales (Annual Cumulations) del 2000, 2001 y 2002
Shakira	*Biography Today Performing Artists,* Volumen 1
Ruth Simmons	*Biography Today,* septiembre del 2002
Tiger Woods	*Biography Today Sports,* Volumen 1 y Volumen 6, y actualización en la Recopilación Anual (Annual Cumulation) del 2000

Prefacio

Biografías Hoy es la versión en idioma español de *Biography Today*, que se publica desde 1992. Se trata de una serie de biografías de personajes que son noticia en el momento: artistas, líderes políticos, escritores, científicos e inventores, deportistas y mucho más.

La necesidad de la versión en español

Durante los últimos diez años, *Biography Today* ha cubierto con éxito la necesidad de los lectores de habla inglesa de contar con información precisa y de lectura fácil y amena sobre personas que son noticia. Por otro lado resultaba evidente que no existía un material similar para los lectores hispanoparlantes y los estudiantes de español. *Biografías Hoy* ha sido creado para llenar ese vacío.

Para desarrollar esta nueva serie hemos contado con la ayuda de nuestra editora de textos en español Ana María Morillo. Ella es natural de Sevilla, España y posee una licenciatura en educación y una Maestría en literatura infantil y juvenil, ambos de la Universidad de Georgia. Actualmente es profesora de español en Thomas County Central High School en Thomasville, Georgia. Además, también es consejera de cultura española con más de 10 años de experiencia en arte visual y diseño, danza y en la organización de eventos temáticos para museos y otras organizaciones de la comunidad. Morillo ha contribuído enormemente con su conocimiento del lenguaje y la cultura al formato y desarrollo de *Biografías Hoy*.

El plan de la obra

Cada número de *Biografías Hoy* contiene aproximadamente 10 artículos ordenados alfabéticamente. Los títulos en negrita le indican al lector dónde puede obtener información sobre nacimiento, juventud, recuerdos de la infancia, educación, primeros trabajos, casamiento y familia, momentos destacables de su carrera o profesión, experiencias memorables, pasatiempos y premios de cada personaje. Además se brinda información para ponerse en contacto y sobre sitios web y se incluyen fotografías que ilustran la información biográfica.

Los artículos de este primer volumen de *Biografías Hoy* fueron seleccionados a partir de ediciones recientes de *Biography Today*, y en la página 8 aparece una lista de los volúmenes en inglés donde apareció originalmente cada uno de los artículos. Dado que en algunos de los personajes seleccionados se han producido cambios importantes desde que se publicaron los artículos originales (por ejemplo, George W. Bush era candidato a presidente cuando se publicó su artículo original), algunos de los artículos se han actualizado antes de ser publicados en *Biografías Hoy*.

Por lo tanto, no todos los artículos son una traducción literal de la versión original en inglés. Por otro lado, la mayoría de la información que difiere de la versión original aparece casi al final del artículo (casamientos, divorcios, hijos, nuevos trabajos en el caso de artistas y autores). Además, cuando los editores encontraron otro material de lectura en español que fuera útil y accesible, se lo incluyó como tal. Cuando no se identificó dicho material, sólo se incluyó el material en inglés. Estas lecturas adicionales en español e inglés aparecen claramente identificadas en la sección "Más información".

Índice

Hay un índice en español de las reseñas en *Biografías Hoy* que incluye los nombres, ocupaciones, nacionalidades y origen étnico de todos los individuos que aparecen en *Biografías Hoy*. Además, también hay una lista de los artículos que han sido publicados en inglés en *Biography Today*. La lista está incluída aquí en inglés.

Notas explanatorias

Unas notas acerca de las traducciones hechas de los títulos y los nombres que requieren explicación. Muchos de los capítulos de *Biografías Hoy* presentan trabajos creados por los mismos individuos introducidos en la serie. Los títulos de estos trabajos (películas, grabaciones y libros) han sido traducidos a la forma que sería más conocida para el público de habla hispana. Por consiguiente los títulos que aparecen en *Biografías Hoy* siguen estas reglas:

Algunos trabajos fueron creados originalmente en español. Estos trabajos se mencionan solamente con sus títulos en español. Un ejemplo sería la grabación *Pies descalzos*, un CD de Shakira que fue lanzado al mercado sólo en español. Ese trabajo siempre será llamado *Pies descalzos*.

Sin embargo, muchos de los trabajos mencionados en esta serie poseen títulos en inglés. Estos trabajos son nombrados de dos formas diferentes.

Algunos trabajos han sido distribuídos a los mercados de lengua hispana con un título en español. Esos trabajos serán conocidos mejor por el público de habla hispana por sus títulos en español. De esta forma, la primera vez que esos trabajos se mencionen vendrán con el título en español seguido del título en inglés entre paréntesis. Las menciones posteriores del mismo se harán sólo en español. Un ejemplo sería la película de Jennifer López *La experta en bodas* (*The Wedding Planner*), la cual aparece con su título en español.

Algunos trabajos han sido distribuídos a los mercados de lengua hispana principalmente con el título en inglés. Esos trabajos serán conocidos mejor por el público de habla hispana por sus títulos en inglés. De esta forma, esos títulos serán sólo nombrados en inglés. Un ejemplo de este caso podría ser la película de Julia Roberts *Pretty Woman*, la cual aparece con su título en inglés.

Las inclusiones de premios y distinciones sigue un procedimiento similar. Cuando la institución que otorga el galardón es una organización de habla inglesa, el nombre oficial del premio aparecerá primero en inglés seguido de la traducción del mismo al español. Si la institución encargada de otorgar el premio es una organización de habla hispana, el nombre del premio aparecerá sólo en español.

Los nombres de las instituciones siguen un modo similar. Las publicaciones de lengua española hacen referencia a tales instituciones, como colegios y universidades, de dos formas: o la institución es nombrada tal y como se la conoce en su país de origen (por ejemplo, Harvard University) o se ofrece una traducción de la misma (por ejemplo, la Universidad de Harvard). En *Biografías Hoy* se seguirá la primera forma para mayor aclaración.

Sus comentarios son bienvenidos

Estamos encantados de poder ofrecerles esta nueva versión de la serie en español. Ahora nos gustaría escuchar sus opiniones. Hágannos saber qué es lo que piensan acerca de *Biografías Hoy*, y cómo creen que puede mejorarse. Por favor, escriban o llamen para hacernos llegar sus comentarios.

Cherie Abbey
Editora gerente, *Biography Today*
Omnigraphics, Inc.
615 Griswold Street
Detroit, MI 48226
editor@biographytoday.com

Visiten nuestro sitio web
www.biographytoday.com

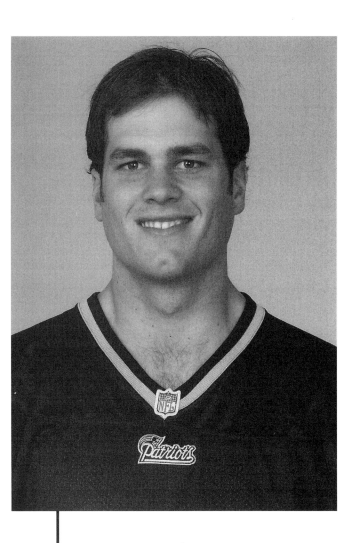

Tom Brady 1977-

Jugador profesional estadounidense de fútbol
americano de los Patriots de New England
Jugador Más Valioso del Super Bowl XXXVI del 2002

NACIMIENTO

Tom Brady Jr. nació el 3 de agosto de 1977 en San Mateo,
California. Es el menor de cuatro hijos de Tom Brady Sr., ban-
quero de inversiones y asesor de negocios, y Galynn Brady.
Tiene tres hermanas mayores: Maureen, Julie y Nancy.

JUVENTUD

Brady creció en San Mateo, California, un suburbio del sur de San Francisco. Era el miembro más joven de una familia atlética y vigorosa. Sus padres practicaban varios deportes y participaban en las actividades de la comunidad y todas sus hermanas se distinguieron en el área de deportes en el colegio. Años más tarde, Tom recordó que sus hermanas eran tan competitivas y tenaces que casi nunca pudo tener el control remoto del televisor durante más de algunos minutos. Sus hermanas también tenían otras maneras de atormentarlo. "Me disfrazaban", recuerda Brady. "Tenían muñecas desparramadas por la casa y me hacían jugar con ellas".

————— " —————

Brady recuerda un partido de eliminatoria de "Los del 49" de San Francisco al que asistió cuando tenía sólo cuatro años. "Recuerdo que lloré durante toda la primera mitad porque mis padres no me querían comprar uno de esos dedos de goma espuma que tienen el n.º 1. Pero fue al ver a esos equipos en los que jugaban Joe Montana y Steve Young cuando decidí que quería ser jugador de fútbol americano".

————— " —————

Desde pequeño Brady compartió la pasión de su familia por la competencia. A menudo volvía a su casa sucio y sudoroso, pero feliz, después de jugar fútbol o béisbol durante horas con sus amigos del vecindario. También desarrolló una lealtad feroz hacia "Los del 49" de San Francisco, que fueron uno de los equipos más importantes de la Liga de Fútbol Americano (National Football League — NFL) durante gran parte de su niñez. En especial, le gustaba ir con su familia a los partidos de "Los del 49", donde podía ver a su héroe, el quarterback (mariscal de campo) de San Francisco, Joe Montana, y más tarde, a Steve Young. Brady incluso recuerda un partido de eliminatoria al que asistió cuando tenía sólo cuatro años. "Recuerdo que lloré durante toda la primera mitad porque mis padres no me querían comprar uno de esos dedos de goma espuma que tienen el n.º 1", cuenta. "Pero fue al ver a esos equipos en los que jugaban Joe Montana y Steve Young cuando decidí que quería ser jugador de fútbol americano". (Para más información sobre Montana, vea *Biography Today*, enero de 1995, y la actualización en la Recopilación Anual de 1995. Para más información sobre Young, vea *Biography Today*, enero de 1994, y la actualización en la Recopilación Anual del 2000).

Brady no jugó al fútbol americano de forma organizada cuando era niño. Sus padres no lo dejaron jugar en la liga de fútbol americano Pop Warner mientras estaba en la escuela elemental porque temían que su cuerpo en crecimiento sufriera lesiones que entorpecieran su desarrollo físico. Pero le permitieron jugar al béisbol en la Liga Infantil (Little League) y rápidamente se ganó la reputación de ser uno de los jóvenes jugadores de béisbol más prometedores de la región.

EDUCACIÓN

Durante su infancia y adolescencia, Brady asistió a escuelas católicas para varones. Cuando ingresó al primer año de la Junipero Serra High School, sus padres finalmente cedieron y le permitieron probar en el equipo de fútbol americano de la escuela. Entró al equipo como quarterback; pero durante los dos primeros años no atrajo la atención del público. De hecho, continuó siendo más conocido por su juego en el campo de béisbol que por lo que hacía en el campo de fútbol americano.

No obstante, en el penúltimo año de la preparatoria Brady obtuvo el puesto de quarterback titular en el equipo representante del colegio. Dirigió la ofensiva de Serra durante las dos temporadas siguientes. Durante este período, sus aptitudes como quarterback mejoraron enormemente. Una de las razones clave para esta mejoría fue que el cuerpo de Brady comenzó a transformarse en el de un verdadero atleta. Por ejemplo, un entrenador local de fútbol americano universitario llamado Tom Martínez, que dirigía todos los años un programa de verano para futbolistas de la preparatoria, recuerda que la apariencia física de Brady cambió drásticamente a medida que crecía. Según Martínez, en el lapso de un solo año pasó de ser un "sujeto bajito y rechoncho" a transformarse en un joven alto que de repente arrojaba la pelota de fútbol "como un hombre".

Sin embargo, un factor aun más importante en el desarrollo de Brady fue su dedicación para trabajar duro y autosuperarse. El joven quarterback levantaba pesas o practicaba ejercicios de pases durante tres o cuatro horas diarias y nunca trató de evitar los aspectos más desagradables del entrenamiento atlético. De hecho, casi parecía que disfrutaba del desafío. "Era muy aplicado", confirmó uno de sus compañeros del equipo de la escuela. "Recuerdo que solíamos hacer este ejercicio que llamábamos cinco puntos, que servía para mejorar el manejo de los pies y vaya si lo odiábamos". Pero un día, el compañero de equipo pasó por la casa de Brady y se llevó una sorpresa. "No podía creerlo: había hecho todos los arreglos para practicarlo en su casa. Nunca me olvidaré de eso, pero eso era lo que siempre hacía: intentar hacer mejor las cosas".

El equipo de fútbol de la preparatoria de Brady no ganó ningún campeonato durante las temporadas del penúltimo ni del último año. Brady y sus compañeros de equipo fueron vapuleados, perdiendo por resultados de 66-6 y 44-0 en partidos consecutivos durante la temporada del penúltimo año y el equipo obtuvo resultados mediocres de 6-4 (seis victorias y cuatro derrotas) y 5-5 durante el penúltimo y el último año. Pero la mayoría de los observadores reconocieron que el equipo podría haber obtenido resultados aun peores si no hubiera sido por ese quarterback delgaducho que lanzaba la pelota más de 3.700 yardas y obtuvo 31 touchdowns durante su carrera en la preparatoria. De hecho, el entrenador de la escuela de Brady consideraba que su jugador estrella tenía el brazo lanzador y la aptitud de liderazgo necesarios para jugar fútbol americano en una universidad importante.

———— **"** ————

Brady una vez dijo en broma que el entusiasmo de sus hermanas por esconder los mensajes telefónicos que le dejaban las muchachas lo convencieron para inscribirse en Michigan. "Es por eso que me mudé a 3.000 kilómetros de distancia para asistir a la universidad, para poder salir con alguna muchacha", afirmó sonriendo.

———— **"** ————

Brady se graduó de la preparatoria en la primavera de 1995 con un buen promedio de 3'5. Por ese entonces, sentía que estaba listo para enfrentar el desafío de jugar para un programa importante de fútbol americano universitario. Varias universidades importantes de California le ofrecieron becas para jugar al fútbol, pero después de evaluar todas las opciones (incluso una oferta para jugar béisbol en el "sistema de granja" (equipos secundarios) de los Expos de Montreal) decidió ir a University of Michigan en Ann Arbor, cuna del famoso equipo de fútbol americano Wolverines de Michigan.

Brady una vez dijo en broma que el entusiasmo de sus hermanas por esconder los mensajes telefónicos que le dejaban las muchachas lo convencieron para inscribirse en Michigan. "Es por eso que me mudé a 3.000 kilómetros de distancia para asistir a la universidad, para poder salir con alguna muchacha", afirmó sonriendo. Sin embargo, en realidad Brady eligió Michigan por el rico historial futbolístico de la universidad y por la atracción que representaba jugar en el estadio de Michigan, que es el más grande del país. "Aquí la tradición es muy importante", explicó. "No hay nada que se compare con jugar al fútbol en Michigan".

Brady, el quarterback de University of Michigan, lanza un pase touchdown en el Orange Bowl del 2000.

Durante los años siguientes, Brady continuó asistiendo a la universidad y jugando al fútbol. Se graduó de University of Michigan en la primavera del 2000 y obtuvo el título de licenciado (bachelor's degree) en estudios organizativos con una nota promedio de 3'3 puntos.

MOMENTOS DESTACABLES DE SU CARRERA

Universidad: Wolverines de Michigan

Brady no jugó ningún partido durante el primer año de su carrera como futbolista en University of Michigan, en la temporada de 1995. Los atletas universitarios pueden practicar el deporte que han elegido durante cuatro temporadas. Al no participar durante una temporada, Brady pudo ampliar el período de cuatro años de elegibilidad. Se contentó con formar parte de la reserva durante la temporada 1996, pero cuando el entrenador principal de los Wolverines, Lloyd Carr, designó al estudiante de último año Brian Griese como quarterback titular para la temporada 1997, Brady se enfadó tanto que pensó en solicitar el pase a otra universidad. Finalmente, Carr convenció al joven quarterback para que se quedara y más adelante Brady describió esta amenaza de transferencia como la reacción inmadura de un "llorón".

A medida que la temporada 1997 avanzaba, ni Brady ni ninguna otra persona encontró muchos motivos para criticar al quarterback titular elegido por Carr. Con el liderazgo del desempeño confiable de Griese como quarterback, Michigan se mantuvo invicto sin dificultades durante la temporada, el campeonato de la Big Ten Conference y parte del campeonato nacional. Unos meses después, Griese fue reclutado por los Broncos de Denver, de la NFL y, en unas pocas temporadas, se transformó en el quarterback titular del club. (Para más información acerca de Griese, vea *Biography Today*, enero del 2002).

Brady fue designado quarterback titular de Michigan para la temporada 1998. El estudiante del penúltimo año de California estaba entusiasmado con la oportunidad de concretar su sueño, que era liderar al equipo de los Wolverines; pero también sabía que él y sus compañeros se enfrentaban al gran desafío de igualar el éxito del equipo durante la temporada 1997. Ansioso por prepararse para la temporada, Brady decidió pasar por el estadio Notre Dame en South Bend, Indiana, donde daría sus primeros pasos. Un mes antes de que comenzara la temporada, Brady realizó una visita al estadio durante las vacaciones de verano. Encontró una puerta abierta y entró al estadio vacío. Estuvo alrededor de una hora familiarizándose con el lugar, imaginando cómo sería liderar al equipo de Michigan por el campo de juego. Pero cuando decidió que era hora de irse, se encontró con que el personal de mantenimiento había cerrado la puerta y lo había dejado encerrado. "Estaba oscureciendo y yo estaba comenzando a asustarme", recuerda. "Había una caída de 4 metros si uno saltaba el muro, así que finalmente rompí un armario del área de mantenimiento, encontré una escalera extensible, pasé la escalera por encima de la cerca y de ese modo pude bajar".

Cuando empezó la temporada de fútbol de 1998, las cosas no fueron como Brady había esperado. Brady jugó bien, pero los Wolverines, que defendían el campeonato nacional, perdieron los dos primeros juegos. Los aficionados y los periodistas por igual no dudaron en criticar el flojo desempeño inicial del equipo, pero muy pronto Michigan se recuperó. El equipo ganó 10 de los 11 últimos partidos, incluyendo una victoria aplastante ante Arkansas en el Citrus Bowl por 45-11. Brady fue el factor principal en la recuperación del equipo, y estableció nuevos récords universitarios para una sola temporada en cuanto a intentos de pase (350) y pases completados (214).

En las semanas anteriores al Orange Bowl del 2000, el entrenador Carr expresó su reconocimiento por el sólido desempeño de Brady durante toda la temporada. "Tom es muy equilibrado, no tiene altibajos, ya sea como jugador o como persona. Es simplemente un tipo muy duro".

Deberes de quarterback compartidos con un recluta renombrado

A pesar del buen desempeño obtenido durante la temporada 1998, al año siguiente Brady tuvo que esforzarse para mantener su puesto como quarterback titular del equipo. Su puesto de titular se vio disputado por Drew Henson, un estudiante de segundo año que se había transformado en uno de los reclutas más calificados de la nación durante la década de 1990. El entrenador Carr designó a su debido tiempo a Brady como el quarterback titular para la temporada 1999, pero le dijo a los periodistas que Henson jugaría también bastante tiempo.

A medida que transcurría la temporada, Carr realizó cambios constantes entre Brady y Henson, teniendo en cuenta cuál era el jugador que parecía estar en mejores condiciones. A ninguno de los jugadores le agradaba esta situación, pero tuvieron mucho cuidado y evitaron realizar declaraciones controvertidas que pudieran dañar al equipo. "Sabía que la única forma de tener éxito era poder manejar mis emociones", recuerda Brady. "No me preocupaba por la desilusión y la frustración porque ya había hecho eso cuando empecé a jugar. Entonces no era el jugador que soy ahora. Sé que la frustración no lleva a ninguna parte. Si me quedo sentado al costado del juego y me enojo, entonces cuando vuelvo a salir [al campo de juego] no seré el mismo jugador. Es algo que he aprendido, de modo que no cambio mis emociones. No cambio mis pensamientos. Cuando estoy en el campo de juego, estoy allí para hacer mi trabajo. Estoy allí para llevar a mi equipo hasta la zona final".

A fines de la temporada, Carr finalmente decidió mantener a Brady como quarterback de tiempo completo. Brady respondió liderando a Michigan a un buen final. El equipo culminó la temporada con cuatro victorias seguidas, incluyendo una victoria contra su archirrival Ohio State. El triunfo sobre los Buckeyes permitió que Michigan obtuviera otro Big Ten Championship y un lugar en el Orange Bowl contra Crimson Tide de Alabama, que estaba clasificado en quinto lugar.

En las semanas anteriores al Orange Bowl, Carr expresó su reconocimiento por el sólido desempeño de Brady durante toda la temporada. "Tom es muy equilibrado, no tiene altibajos, ya sea como jugador o como persona. Es simplemente un tipo muy duro". También habló con orgullo de la actitud de su quarterback ante la situación de tener que dividir el puesto con Henson: "Dentro de muchos años, Tom Brady mirará hacia atrás y podrá decir que pudo manejar la situación más difícil que le tocó enfrentar de modo extraordinario. La manejó tan bien que se ganó el respeto de sus compañeros de equipo, porque tuvo en cuenta al equipo ante todo. Sabía que si no manejaba esta situación de modo positivo, esto podría afectar al equipo. A pesar de su propio dolor, manejó esta situación como un verdadero campeón".

El Orange Bowl se jugó el 2 de enero del 2000. En ese juego final para los Wolverines, Brady jugó su mejor partido con el uniforme de Michigan. Llevó a su equipo a una victoria emocionante de 35-34 en tiempo suplementario, completando 34 de 46 pases por 369 yardas y cuatro touchdowns, incluyendo un lanzamiento al recibidor Shawn Thompson en tiempo suplementario que les permitió ganar el partido. Después del partido, el entrenador Carr declaró que Brady "tenía todo lo que un quarterback debía tener. Es muy parecido a Brian Griese. Llegará a jugar en la NFL. [Hay] muchos sujetos que tenían dudas sobre Griese y después se dieron cuenta de lo equivocados que estaban. Cualquiera que tenga dudas sobre si Brady es capaz de jugar en la NFL, se encontrará en la misma situación. El muchacho ve las cosas, y los que lo rodean lo aman. Si lo conociera, usted también lo querría".

Charles Woodson de los Raiders de Oakland saquea al quarterback de los Patriots de New England Brady (n.º 12) en este juego de desempate de la división AFC, enero del 2002.

Jugador profesional: Patriots de New England

Una vez que terminó su carrera en Michigan, Brady centró su atención en la NFL. A medida que se acercaba el reclutamiento de jugadores de la NFL del 2000, Brady creyó que podrían seleccionarlo en la tercera o cuarta ronda. Pero los reclutadores pusieron en duda la potencia de su brazo y su estado atlético. Además, algunos reclutadores y entrenadores de la NFL interpretaron la decisión de Michigan de utilizar a Brady y a Henson como quarterbacks durante la temporada 1999 como una crítica a las aptitudes de Brady en lugar de considerarla una indicación del potencial de Henson.

21

Como resultado, Brady no fue tenido en cuenta hasta la sexta ronda del reclutamiento, cuando finalmente fue seleccionado por los Patriots de New England.

La mala posición que obtuvo durante el reclutamiento hizo que Brady se sintiera perturbado y enojado; pero dejó de lado la desilusión. Cuando llegó a Foxboro, Massachusetts, cuna de los Patriots, dejó en claro que estaba decidido a dejar su marca en la NFL. Por ejemplo, hizo un esfuerzo especial para aprender cosas del quarterback estrella de New England, Drew Bledsoe. "Hay muchos jugadores mayores [en la NFL] que, por lo que sé, no ayudan a los más jóvenes", explicó Brady. "Dicen: 'Debes aprender por ti mismo. Yo tuve que aprender las cosas por mí mismo'. Esa nunca fue la actitud de [Bledsoe]. Desde el día en que llegué, me ha ayudado enormemente".

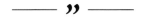

"Cuando Tom llegó, era un muchacho delgadito y durante el primer año hizo muchas preguntas", recuerda Bledsoe (jugador quarterback de los Patriots en el pasado). "Podías saber inmediatamente por el tipo de preguntas que hacía que era un jugador muy inteligente. Como quarterback novato, participó mucho en las reuniones de la semana de los quarterbacks, en lugar de quedarse sentado sin hacer nada como un quarterback de tercera o cuarta línea. Realmente era un aporte valioso para nuestras reuniones".

Bledsoe, por su parte, se sentía feliz al compartir sus conocimientos con el graduado de Michigan, que estaba deseoso de aprender. "Cuando Tom llegó, era un muchacho delgadito y durante el primer año hizo muchas preguntas", recuerda Bledsoe. "Podías saber inmediatamente por el tipo de preguntas que hacía que era un jugador muy inteligente. Como quarterback novato, participó mucho en las reuniones de la semana de los quarterbacks, en lugar de quedarse sentado sin hacer nada como un quarterback de tercera o cuarta línea. Realmente era un aporte valioso para nuestras reuniones".

Los Patriots tuvieron una campaña difícil en toda la temporada del 2000 y terminaron con sólo cinco victorias en 16 partidos. Como muchos otros quarterbacks novatos de la NFL, Brady acumuló muy pocas horas de juego. De hecho, sólo arrojó tres pases durante toda la temporada, completando uno por seis yardas. Pero esta temporada fue valiosa para su desarrollo. Aprendió de memoria cada una de las líneas del libro de jugadas de New England y estableció una verdadera amistad con Bledsoe. Los dos quarterbacks iban juntos a los partidos de béisbol y se reunían regularmente en el campo de golf en sus días libres.

Trabajo arduo y progreso

La dedicación de Brady al trabajo duro y la autosuperación se encontraba en su punto más alto durante la primavera y el verano del 2001. Mantuvo un cronograma de entrenamiento con pesas intensivo y trabajó en su técnica de pase todos los días. Para el momento en que se presentó en el campo de entrenamiento de New England a fines del verano, su masa muscular había aumentado 6 kilos y estaba arrojando la pelota con más fuerza que nunca. Jugó tan bien durante la pretemporada que el entrenador principal de los Patriots, Bill Belichick, lo promovió a quarterback número dos, por delante de Damon Huard, un jugador veterano que recientemente había sido el quarterback titular de los Dolphins de Miami.

Cuando empezó la temporada 2001, pocos aficionados o expertos en fútbol esperaban que New England pudiera competir seriamente por un título de división, y que llegaran a jugar el Super Bowl parecía algo imposible. Pero aun así, el inicio de la temporada fue muy decepcionante para los fanáticos de los Patriots. New England perdió los dos primeros partidos de la temporada, y en el segundo de esos partidos, Bledsoe recibió un agarre tan duro que el impacto perforó una arteria en el pecho del quarterback, lo que le provocó una hemorragia interna masiva. Después del partido, Brady fue el primero de los compañeros de equipo que visitó a Bledsoe en el hospital. Pero posteriormente confesó que no había podido encontrar las palabras que pudieran consolar a su amigo, a quien le esperaban largos meses de rehabilitación y recuperación antes de poder volver a jugar al fútbol.

Cuando el entrenador Belichick anunció que Brady sería el quarterback de los Patriots en la tercera semana de la temporada de la NFL, los seguidores de los Patriots se prepararon para sufrir una temporada larga. Después de todo, Brady sólo había sido elegido en la sexta ronda del reclutamiento y prácticamente no tenía ninguna experiencia de juego en la NFL. Pero en la tercera semana, Brady jugó bien y los Patriots obtuvieron una victoria sobre los Colts de Indianápolis de 44-13. Más tarde, le preguntaron a Brady si se había puesto nervioso antes de o durante el partido. "Si hubiera estado nervioso se lo diría", respondió. "Pero me he preparado para este partido durante toda mi vida. Sabía que este día lle-

Brady (n.º 12) hace un pase bajo la presión de Chidi Ahanotu (n.º 72) del St. Louis Rams en el Super Bowl, febrero del 2002.

garía". Más tarde, firmó una pelota de las que se habían utilizado durante su primera victoria como quarterback titular en un partido de la NFL y se la envió por correo a Tom Martínez, el entrenador de San Mateo que lo había ayudado a desarrollar sus aptitudes para el juego cuando era adolescente. Posteriormente, Martínez dijo que ese gesto de Brady "demuestra el tipo de persona que es".

Los Patriots se transforman en la "Tribu Brady"

A medida que avanzaba la temporada, los Patriots emergieron lentamente como uno de los equipos más sorprendentes de la liga. Liderados por Brady, que jugaba con el aplomo y el liderazgo de un veterano, los Patriots acumularon victoria tras victoria. A mediados de la temporada, los aficionados y los analistas deportivos se referían al equipo como la "Tribu Brady", nombre que tomaron de un programa de televisión de la década de 1970. También se asombraban con el estilo relajado y tranquilo de Brady. "Camina por el vestuario en jeans y sudaderas holgadas, con el gorro hacia atrás, como un chico de la preparatoria que pasea por el centro comercial", escribió Bill Reynolds en el *Providence Journal*. "Nunca ha habido ningún indicio de egoísmo, ni la impresión de que Brady se cree, más que un atleta profesional, la estrella de su propia película. Su compañero de equipo Mike Compton ha dicho que Brady parece estar siempre sonriendo, como si todo esto fuera un juego de niños".

Sin embargo, Brady tuvo algunos puntos bajos durante la temporada. En la séptima semana, por ejemplo, lanzó cuatro intercepciones en el último cuarto de un partido que perdieron contra los Broncos de Denver. Pero no permitió que el mal desempeño debilitara su confianza. Al contrario, a la semana siguiente hizo lanzamientos por 250 yardas y tres touchdowns llevando a New England a la victoria contra los Falcons de Atlanta. "Los quarterback poco experimentados necesitan demostrar que pueden manejar los altibajos de esta liga", dijo uno de los miembros del equipo de entrenadores de los Patriots. "No es posible conocer la calidad de un jugador hasta que se enfrenta a la adversidad y Tom demostró que es capaz de manejar este tipo de situaciones".

Cuando la temporada llegaba a su fin, Bledsoe finalmente se recuperó de su lesión y declaró que estaba listo para volver a jugar. Pero el entrenador Belichick decidió mantener a Brady en la alineación titular, incluso a pesar de que Bledsoe había sido la estrella del equipo durante muchos años. "Tom ha aprovechado la oportunidad que tuvo", explicó Belichick. "Ha jugado de forma sólida. Pero éste fue el mismo tipo de solidez que demostró durante la pretemporada. Para Tom, la duda era qué sucedería en la temporada regular y todos podemos ver cuál ha sido el resultado".

"Si el entrenador decide ponerte en el banco de reservas, bien, son las reglas del juego: eso es lo que sucede cuando uno forma parte de un equipo, éste no es un deporte individual. Uno hace lo que el equipo y el entrenador indican y juegas cuando te dicen que debes jugar y miras cuando te dicen que debes mirar. Eso es todo lo que uno hace".

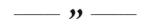

Por su parte, Brady sostuvo que nunca se preocupó pensando que podía perder el puesto de titular por Bledsoe. "Esas cosas ni siquiera me pasan por la cabeza", declaró. "Simplemente me preocupa estar preparado. Si el entrenador decide ponerte en el banco de reservas, bien, son las reglas del juego: eso es lo que sucede cuando uno forma parte de un equipo, éste no es un deporte individual. Uno hace lo que el equipo y el entrenador indican y juegas cuando te dicen que debes jugar y miras cuando te dicen que debes mirar. Eso es todo lo que uno hace".

A Bledsoe no le gustó la decisión de Belichick. Pero reconoció que el equipo había estado jugando bien con Brady al mando y decidió que lo mejor para el equipo era que aceptara esta situación. "Uno puede hacer las cosas bien o mal. Lo correcto era respaldar a Tom y hacer todo lo posible para que el equipo triunfara", dijo Bledsoe. "Aunque fue muy duro quedarme en el banco de reservas y ver a otro jugador ocupando mi lugar en el campo de juego, también fue muy gratificante ver cómo uno de los buenos obtenía su recompensa por todo el trabajo duro y la dedicación que había demostrado".

Liderando a los Patriots a las eliminatorias

Brady terminó la temporada regular del 2001 con una puntuación de 11-3 como titular. También completó casi el 64 por ciento de los pases y lanzó 18 pases que finalizaron en touchdowns. Pero lo más importante es que ayudó a New England a obtener el título AFC Eastern Division y un lugar en las eliminatorias del 2001.

En la primera ronda de las eliminatorias, los Patriots se enfrentaron a los Raiders de Oakland en medio de una violenta tormenta de nieve. En la espesa nevada que hacía imposible que quienes miraban el partido por televisión pudieran ver las líneas del campo de juego que marcaban las yardas, los Raiders acumularon una ventaja de 13-3 durante los tres primeros cuartos. Pero en el último cuarto Brady empezó a brillar. Completó nueve pases seguidos en una larga marcha dentro del territorio de Oakland, y entonces luchó para obtener un touchdown de seis yardas que permitió que su equipo quedara a tres puntos de su oponente. Luego guió a su equipo para obtener un gol de campo que empató el partido en los minutos finales del tiempo regular. Brady continuó desempeñándose de forma heroica en el tiempo suplementario, guiando a los Patriots para anotar otro gol de campo que le permitió a su equipo ganar el partido con un resultado de 16-13.

Después del partido, tanto los periodistas como sus compañeros de equipo estaban maravillados con el desempeño de Brady cuando estaban por perder el partido. Por ejemplo, completó una cantidad impresionante de pases: 32 pases de 52 por 312 yardas durante todo el juego. Pero prácticamente no tuvo fallas durante el último cuarto ni en el tiempo suplementario, completando 20 de 28 pases por 138 yardas. "Nunca parece inquietarse", dijo el recibidor de New England, Troy Brown. "Nunca se le ve agachar la cabeza ni enojarse porque no jugó bien. Transmite una sensación de confianza".

Más tarde New England se enfrentó con los Steelers de Pittsburgh, que eran considerados favoritos en el AFC Championship Game por el derecho a competir en el Super Bowl. Los dos equipos se mantuvieron empatados hasta la primera mitad; pero en los momentos culminantes del segundo cuarto, Brady debió abandonar el campo de juego debido a un tobillo lastimado. Sin embargo, Bledsoe jugó un buen partido y lideró a los Patriots a una victoria por 24-17. Después del partido, Brady expresó su gran felicidad por Bledsoe, que había tenido un año muy difícil, tanto en la parte física como en la emocional.

Jugador más valioso del Super Bowl

Como campeón de la AFC, el equipo de New England se hizo acreedor al derecho de participar en el Super Bowl XXXVI, enfrentando al poderoso equipo de los Rams de St. Louis. Brady y los Patriots no eran considerados favoritos contra los Rams, que tenían dos tantos de ventaja; pero los jugadores de New England se dieron cuenta de que en los tres partidos anteriores de las eliminatorias tampoco habían sido favoritos. El entrenador Belichick también anunció que la lesión que Brady había sufrido en el tobillo estaba mucho mejor y que estaría en condiciones de jugar como titular frente a los Rams. Esta noticia le dio confianza al equipo.

El 3 de febrero del 2002, el día en que se jugaba el Super Bowl realizó sus ejercicios habituales previos al partido. Entonces, mientras sus compañeros de equipo se vestían y hablaban y cami-

———— " ————

"Es imposible decir todo lo que uno piensa acerca del muchacho", dijo el recibidor veterano de los Patriots, David Patten. "Tiene una enorme confianza. Ha sido quien ha dirigido el equipo. Probablemente no sea el que tiene las estadísticas más impresionantes, pero eso no importa. El muchacho sabe cómo llegar a la victoria. Sabe cómo motivar a los otros jugadores. Me quito el sombrero delante de este hombre".

———— " ————

naban nerviosamente por el vestuario, se quedó dormido delante de su armario. Varios de los jugadores de los Patriots se sintieron asombrados al ver que el joven quarterback dormía plácidamente menos de una hora antes de jugar el partido más importante de sus vidas. Pero para ese momento, reconocieron que ésta era simplemente otra señal del enfoque inusualmente relajado y confiado con que Brady enfrentaba el partido. Más tarde se despertó y confió: "No pensé que me sentiría tan bien", dijo Brady. "No sé cómo explicarlo. Simplemente te convences de que es sólo un par-

Brady y el recibidor Fred Coleman celebran el triunfo 20-17 en el Super Bowl, febrero del 2002.

tido. Es simplemente un partido más, aunque todo lo que lo rodea te hace ver lo importante que es".

A medida que se jugaba el Super Bowl, una vez más New England demostró que los expertos se habían equivocado. Liderados por una feroz defensa, un ataque de campo que aprovechaba las debilidades del adversario y un juego sin errores por parte de Brady, en el último cuarto los Patriots se encaminaban a una victoria por 17-3 sobre los Rams. Pero en los últimos minutos del partido, St. Louis volvió a dar batalla. Liderados por su propio quarterback estrella, Kurt Warner, los Rams anotaron dos rápidos touchdowns y empataron el partido.

New England recibió la pelota para la última posesión de la pelota dentro de su propio territorio. Varios fanáticos y periodistas creyeron que el entrenador Belichick simplemente dejaría pasar el tiempo y trataría de ganar el partido en el período suplementario en lugar de arriesgarse a una intercepción o pelota suelta que pudiera colocar a los Rams en posición de volver a anotar. Pero en lugar de ello, decidió montar una marcha de anotación final en el tiempo regular. "Con un quarterback como Brady, tratar de ganar el partido no es tan peligroso porque no va a cometer ningún error", explicó después Belichick.

La decisión de Belichick de colocar el juego en manos de Brady dio resultado. Brady completó una serie de pases hacia el campo oponente, llevando a su equipo al campo de juego del adversario a medida que pasaban los segundos. Hizo que su equipo se moviera un total de 53 yardas en 81 segundos, luego trotó hacia la línea lateral mientras el pateador Adam Viantieri se colocó en posición para intentar anotar un gol de campo de 48 yardas en la última jugada del partido. La patada pasó entre los postes y le dio a los Patriots de New England su primera victoria en el Super Bowl.

Brady, que completó 16 de 27 pases por 145 yardas y un touchdown se convirtió en el quarterback titular más joven en conquistar el Super Bowl, fue designado como el Jugador Más Valioso del partido. "Es imposible decir todo lo que uno piensa acerca del muchacho", dijo el recibidor veterano de los Patriots, David Patten. "Tiene una enorme confianza. Ha sido quien ha dirigido el equipo. Probablemente no sea el que tiene las estadísticas más impresionantes, pero eso no importa. El muchacho sabe cómo llegar a la victoria. Sabe cómo motivar a los otros jugadores. Me quito el sombrero delante de este hombre".

Preparándose para el futuro

El desempeño de Brady durante la temporada del 2001 y en el Super Bowl XXXVI lo convirtieron en uno de los diez deportistas más importantes del año. Pero, aunque disfruta algunas de las ventajas de haberse convertido en una celebridad, como aparecer en la portada de *Sports Illustrated* y actuar como juez en la elección de Miss Estados Unidos, admite que todavía está tratando de adaptarse a su nueva vida. "Estas últimas semanas han sido un torbellino y poco a poco estoy intentando adaptarme", dice. "Creo que soy un quarterback bastante bueno, pero hay otras cosas relacionadas con esto de convertirse en una persona famosa que me tienen sin cuidado . . . ¿Por qué algunos jugadores tienen un año buenísimo y al año siguiente juegan tan mal? Bueno, ahora creo que sé por qué: porque hay tantas cosas que pueden desviar tu atención de lo importante, que es concentrarte en tu trabajo. Mi mayor miedo es terminar siendo una estrella fugaz".

Brady también promete que no permitirá que su nueva condición de estrella modifique su visión de la vida o la forma de tratar a los demás. Por ejemplo, todavía recuerda cómo se sintió cuando tenía ocho años y el jugador externo de los Giants de San Francisco, Chili Davis, lo ignoró cuando le pidió un autógrafo. "Recuerdo que pensé que si alguna vez era famoso, nunca sería como él. Pero ahora que estoy en ese lugar, puedo llegar a comprender que estas cosas pueden llegar a suceder. Soy consciente de que la forma en que me comporte puede alegrarle el día a alguien o hacerlo sentir mal, y no deseo que las personas me miren y piensen que he cambiado".

En abril del 2002, los Patriots cedieron a Bledsoe a los Bills de Buffalo, despejando el camino para que Brady volviera a ser el titular durante la temporada 2002. Por su parte, Brady dice que está decidido a recompensar la confianza que New England ha depositado en él. "Voy a volver a ver estas películas [de la temporada 2001] durante la primavera y el verano y voy a evaluar qué es lo que debo hacer para mejorar el nivel de mi juego", declaró. "Hay tanto que se puede mejorar que no sé por dónde empezar. Debo continuar adquiriendo fortaleza y una mayor comprensión del juego. Hay muchas otras cosas que debo mejorar: determinadas rutas, determinadas jugadas, cómo mantenerme mejor dentro de la protección, cómo evitar las presiones y seguir mirando hacia el campo del oponente. Nunca estaré totalmente contento conmigo mismo. Siempre busco un nuevo desafío. Voy a disfrutar de esto durante un tiempo, pero luego intentaré luchar por algo más importante: por ejemplo, otro [Super Bowl]".

——— **"** ———

Brady dice que está decidido a recompensar la confianza que New England ha depositado en él. "Voy a volver a ver estas películas [de la temporada 2001] durante la primavera y el verano y voy a evaluar qué es lo que debo hacer para mejorar el nivel de mi juego. Hay tanto que se puede mejorar que no sé por dónde empezar. . . . Nunca estaré totalmente contento conmigo mismo. Siempre busco un nuevo desafío. Voy a disfrutar de esto durante un tiempo, pero luego intentaré luchar por algo más importante: por ejemplo, otro [Super Bowl]".

——— **"** ———

HOGAR Y FAMILIA

Brady divide su tiempo entre Boston y San Mateo, donde sigue viviendo su familia. Es soltero, y su hermana Maureen insiste en que "la mujer que lo conquiste será la más afortunada del mundo. Es un buen hombre. Ama a los niños. Ama a su familia. Creo que el hecho de haber crecido entre tres hermanas [le ha enseñado] cómo tratar a las mujeres y las comprende. Es muy dulce. Es un duro en el campo de juego, pero fuera de él, con nosotras, las mujeres, es muy sentimental.

PASATIEMPOS Y OTROS INTERESES

Brady disfruta jugando al golf, le gusta la lectura y mirar partidos de béisbol durante su tiempo libre.

PREMIOS Y DISTINCIONES

Most Valuable Player (jugador más valioso), Michigan Wolverines: 1999
NFL Pro Bowl (Pro Bowl de la NFL): 2001
Super Bowl XXXVI Championship (campeonato del Super Bowl XXXVI): 2002
Best Breakthrough Athlete (atleta revelación), Espy Award (ESPN): 2002
Most Valuable Player (jugador más valioso), Super Bowl XXXVI: 2002

MÁS INFORMACIÓN

En inglés

ESPN: The Magazine, 24 de diciembre del 2001, pág. 45
New York Times, 3 de enero del 2000, pág. D2; 26 de enero del 2002, pág. D1; 3 de febrero del 2002, Sección 8, pág. 3
People, 18 de febrero del 2002, pág. 54; 13 de mayo del 2002, pág. 120
Sports Illustrated, 19 de noviembre del 2001, pág. 52; 28 de enero del 2002, pág. 36; 11 de febrero del 2002, pág. 36; 13 de febrero del 2002, pág. 46; 15 de abril del 2002, pág. 34
USA Today, 30 de enero del 2002, pág. C1

DIRECCIÓN

Tom Brady
New England Patriots
One Patriot Place
Foxboro, MA 02035-1388

SITIOS WEB

http://www.nfl.com
http://www.nflplayers.com
http://www.patriots.com

George W. Bush 1946-
Líder político estadounidense
Presidente de los Estados Unidos

NACIMIENTO

George Walker Bush nació el 6 de julio de 1946, en New Haven, Connecticut. Su padre, George Herbert Walker Bush, era estudiante de Yale University cuando nació su primer hijo y su carrera continuó en ascenso hasta convertirse en el 41° Presidente de los Estados Unidos. Su madre, Barbara Bush, era ama de casa y, después de criar a sus hijos, dedicó gran parte de su tiempo a mejorar el nivel de alfabetización en los Estados Unidos. George fue el mayor de cinco hermanos: dos hermanas, Robin y Dorothy y tres hermanos, Jeb (apodo de John Ellis Bush), Neil y Marvin. Debido a la confusión por la similitud de nombres entre padre e hijo, con frecuencia se llamó al hijo y actual presidente de los Estados Unidos, George W.

JUVENTUD

George vivió en New Haven hasta los dos años de edad, cuando su familia se trasladó al área cerca de Midland, Texas. Su padre había decidido probar suerte en el negocio del petróleo y George pasó la mayor parte de sus siguientes 12 años en lo que se convertiría en una ciudad pujante, donde su familia y muchas otras harían fortuna. Sin embargo, cuando la familia del joven Bush llegó a Texas sólo podía pagar un pequeño departamento en la ciudad cercana de Odessa. Entonces, George Bush encontró empleo como vendedor de brocas en California durante un año, viviendo con su esposa e hijo en moteles, allí donde el negocio del petróleo lo llevara. Finalmente, en 1950, compraron una pequeña casa en Midland, donde George pasó su infancia jugando con amigos y explorando el vecindario.

> **" **
>
> *Barbara Bush recuerda a su hijo mayor como "un niño hermoso e incorregible que pasaba muchas tardes sentado en su habitación, esperando la llegada de su padre para contarle su última travesura".*
>
> **" **

Bush y sus amigos de esa época recuerdan Midland con gran cariño. "Era un lugar idílico para crecer, una ciudad como la del programa de televisión *Ozzie y Harriet*, recuerda uno de sus amigos. Era un vecindario seguro donde los niños podían andar en bicicleta por el barrio sin que sus padres se preocuparan. Esta época causó una gran impresión en el joven Bush. "No sé qué porcentaje de mi se formó en Midland, pero le diría a la gente que si me quieren comprender, deben comprender lo que es Midland y la actitud del pueblo de Midland". Todas las familias luchaban por igual para ganarse la vida y pasaban las tardes haciendo barbacoas en los patios traseros de unos y otros, mientras los padres conversaban y los niños jugaban. Los amigos de Bush de esa época siguen siendo buenos amigos suyos en la actualidad. Durante el verano, Bush y sus hermanos viajaban a Maine, donde visitaban a sus abuelos, Dorothy Walker Bush y Prescott Bush. Prescott Bush había sido un exitoso financiero y más tarde fue elegido Senador de EE.UU.

George W. Bush con su madre, Barbara Bush, su padre, George Bush, y sus abuelos, Dorothy y Prescott Bush, en Midland, Texas, 1950.

El futuro presidente George Bush recuerda que su hijo era un niño muy activo. En una carta a un amigo escribió en aquel entonces: "Georgie se ha convertido en un hombrecito: dice malas palabras de vez en cuando y de tanto en tanto maldice, aunque sólo tiene cuatro años y medio". Barbara Bush lo recuerda como "un niño hermoso e incorregible que pasaba muchas tardes sentado en su habitación, esperando la llegada de su padre para contarle su última travesura". Por su parte, George W. Bush recuerda su infancia con gran cariño: "No puedo llegar a describir lo maravillosos que fueron como padres George y Barbara Bush", afirma. "Eran personas muy liberadoras. Nunca sentimos la opresión que sienten algunos niños con respecto a sus padres, nunca pensaron que su forma de ver las cosas era la única correcta". Del padre al cual se lo comparó siempre durante su carrera profesional y política, comenta: "Mi papá hizo de todo para asegurarse de que yo me sintiera aceptado por él".

Bush recuerda interminables juegos de béisbol y su pasión por coleccionar tarjetas de ese juego. Enviaba sus tarjetas a los grandes jugadores del momento, junto con una estampilla y le pedía a los jugadores que firmaran y le devolvieran sus tarjetas, cosa que hacían.

Una trágica muerte

Sin embargo, una desgracia opacó la felicidad de la familia cuando George tenía siete años. Su hermana Robin, de tan sólo tres años, murió de leucemia. George sabía que estaba enferma, pero realmente no se imaginaba que moriría. Sus padres no lograban hallar consuelo. "Nos despertábamos noche tras noche con un gran dolor físico, tan grande era nuestra pena", Barbara Bush escribiría más tarde. Esta tragedia hizo que ella se aferrara más a George y a Jeb, que era sólo un bebé en ese momento. Hasta que un día, escuchó hablar a George por teléfono con un amigo, rechazando una invitación para ir a jugar porque su mamá lo necesitaba. "Ese episodio fue el principio de mi cura", recuerda Barbara Bush. "Me di cuenta que era un peso demasiado grande para un niñito de siete años".

Los amigos y los miembros de la familia recuerdan que el humor "travieso e irreverente" característico de George surgió en ese momento, quizás como una forma de ayudar a sus padres a sobreponerse a su dolor. Poco después de la muerte de Robin, su padre lo llevó a un partido de fútbol americano. Al no poder ver por encima de las personas más altas que se encontraban delante de él, George declaró que hubiera deseado ser su hermana. Su padre, incómodo, le preguntó qué quería decir con eso. "Estoy seguro de que puede ver mejor el juego desde arriba que nosotros desde aquí abajo", contestó.

"No puedo llegar a describir lo maravillosos que fueron como padres George y Barbara Bush", afirma. "Eran personas muy liberadoras. Nunca sentimos la opresión que sienten algunos niños con respecto a sus padres, nunca pensaron que su forma de ver las cosas era la única correcta".

EDUCACIÓN

Midland y las escuelas públicas

Parte de la experiencia que transformó a Bush en el hombre que es actualmente fueron sus años de escuela en Midland, Texas. Cuando era alumno en la escuela primaria Sam Houston Elementary School, era conocido por ser un buen estudiante y atleta, especialmente en béisbol, pero también podía ser muy travieso. En una ocasión, lo enviaron a la dirección por pintarse una barba en el rostro durante la clase de música. El castigo en ese entonces en muchas escuelas públicas era dar unas palmadas con una paleta de madera. El director, John Bizilo, le dio a George tres palmadas y

Bush en Yale, a mediados de la década de 1960.

el niño empezó a sollozar. "Cuando lo golpeé, empezó a llorar", recuerda Bizilo. "Oh, ¡cómo lloraba! Pegaba alaridos como si lo hubieran querido matar. Pero aprendió la lección". Aunque este tipo de castigo físico parece terriblemente duro según los parámetros de hoy en día, era parte de la vida en el Texas donde George Bush pasó su juventud.

Sus amigos y maestros de ese momento no recuerdan que Bush haya expresado alguna aspiración política en ese entonces. Él afirma que siendo niño "quería ser Willie Mays cuando fuera grande", no el Presidente de Estados Unidos. Sin embargo, se postuló para presidente de la clase en la escuela secundaria San Jacinto Junior High de Midland, y además ganó.

Cuando Bush estaba en octavo grado, sus padres se mudaron a Houston. A su padre le había ido muy bien en el negocio del petróleo y la familia se mudó a una casa grande con piscina. Bush asistió a una escuela preparatoria de élite, Kinkaid, donde se sintió como un extraño. Una vez, mientras esperaba el autobús para ir a casa, uno de sus compañeros le ofreció llevarlo. "Era un niño de octavo grado que habría tenido unos 14 años en ese momento", recuerda Bush, "y manejaba un GTO, ¡en octavo grado! Me acuerdo que dije: 'No, gracias'. Pertenecíamos simplemente a mundos distintos".

Andover

Después de dos años en Kinkaid, Bush fue aceptado en la Phillips Academy de Andover, Massachusetts. La escuela, conocida como "Andover", era una de las preparatorias para varones más exclusivas del país. Su padre había ido a Andover, donde se destacó como estudiante y atleta sobresaliente. Ahora sería el turno de George de hacerse un nombre en una de las escuelas más elitistas (y difíciles) del país.

Un compañero de clase de Bush, Clay Johnson, también de Texas, recuerda esos días: "Nos sentíamos en una tierra extranjera, donde no comprendíamos nada", en Andover. "Nos dimos cuenta que teníamos que luchar simplemente para estar a la altura de los demás". Bush se sacó un "0" en su primera tarea de lengua inglesa, un ensayo sobre la muerte de su hermana Robin. Su maestro había escrito "vergonzoso" en el ensayo. Bush no se distinguió por sus logros académicos en Andover, pero hizo amigos con mucha facilidad y se llevaba bien con los estudiantes de toda clase. Representaba a la escuela en béisbol y básquetbol y en sus últimos años, se convirtió en el líder de vítores en los partidos de la escuela. Se le recuerda como un joven bromista, desaliñado y simpático, que andaba siempre con la ropa arrugada y se sentaba con los deportistas a la hora de las comidas. También se autoeligió "alto comisionado de stickball", una variación calle-jera del juego de béisbol jugado por los niños en las ciudades. Bush organizó un torneo de stickball, que fue muy celebrado por todos los estudiantes, deportistas y no deportistas, en todo el colegio. Aunque no se destacó en el gobierno estudiantil en Andover, Bush recientemente comentó con humor que el trabajo de comisionado de stickball "me dio la suficiente experiencia para convertirme en Presidente". Se graduó de Andover en 1964.

"Y aunque no era un intelectual, dedicó mucho tiempo a aprender sobre otras personas", comenta un amigo de la universidad. "Los que buscan el conocimiento a través de los libros pensarán que no era un estudiante muy serio pero él estudiaba muy seriamente a la gente".

Yale

Bush se postuló para Yale University, una de las prestigiosas universidades del Ivy League, a la cual habían asistido su padre y su abuelo. El director de Andover no pensó que tendría muchas oportunidades de ingresar en Yale y sugirió que debido a sus calificaciones mediocres, Bush se postulara para otras universidades. Sin embargo, Yale lo aceptó y empezó la universidad en el otoño de 1964. Una vez más, Bush no se destacó académicamente: sus notas fueron recientemente publicadas por la prensa y muestran un promedio de "C" en la mayoría de los cursos. Sin embargo, se lo recuerda por ser un joven muy sociable que se llevaba muy bien con la mayoría de los estudiantes. Se unió a Delta Kappa Epsilon, una fraternidad conocida por sus fiestas y con el tiempo, se convirtió en presidente de la fraternidad. Sus compañeros de cuarto recuerdan que siguió teniendo el mismo aspecto desaliñado que en Andover. "Recogía una camiseta del suelo y se la ponía", recuerda uno de sus compañeros. "Y aunque no era un intelectual, dedicó mucho tiempo a aprender sobre otras personas", comenta un amigo de la universidad. "Los que buscan el conocimiento a través de los libros pensarán que no era un estudiante muy serio pero él estudiaba muy seriamente a la gente".

Durante sus años de universidad, Bush permaneció ajeno a cualquier actividad política y también empezó a sentir que estaba al margen del intelectualismo presuntuoso que encontraba a veces a su alrededor. En 1964, su padre hizo campaña y perdió la elección para obtener un puesto en el Senado de los Estados Unidos. Caminando por el campus de la universidad poco tiempo después, Bush se encontró con el famoso capellán del campus, William Sloane Coffin. Cuando Bush se presentó, Coffin le dijo, "Oh sí, conozco a su padre. Francamente, fue vencido por un hombre mejor que él". La crueldad y la actitud condescendiente del capellán hirieron a Bush, que nunca olvidó este episodio. "Lo que más me enfadaba era la forma en que esa gente de Yale se sentía tan intelectualmente superior y tan por encima de todos los demás", afirmó. "Actuaban como si tuvieran las respuestas para todo".

Para el momento en que Bush se graduó con un título en historia en 1968, la nación atravesaba por un período de turbulencia política y social. A fines de la década de 1960, muchos campus universitarios, incluso el de Yale, se convirtieron en el escenario de disturbios políticos, a medida que los estudiantes se fueron involucrando en manifestaciones de protesta en contra de la participación de EE.UU. en la guerra de Vietnam. Las protestas raciales se hicieron más violentas en varias zonas urbanas y los disturbios sacudían ciudades como Detroit y Los Ángeles. En la primavera del último año de universidad de Bush se produjeron dos asesinatos políticos, el de Martin Luther King Jr. y el de Bobby Kennedy. Bush recuerda que sentía que "algo estaba profunda y aterradoramente mal. Fue una época confusa y perturbadora".

En aquella época, todos los jóvenes debían registrarse al cumplir los 18 años en las fuerzas armadas, lo que se llamaba "el reclutamiento". El reclutamiento era un sistema de servicio militar obligatorio que funcionaba desde la segunda guerra mundial. El destino para muchos reclutas era Vietnam. Muchos jóvenes estadounidenses no creían en la guerra de Vietnam e incluso pensaban que, si llegaban a reclutarlos, preferirían irse del país o ir a la cárcel. La decisión no fue difícil para Bush. "Yo sabía que no dejaría de prestar el servicio militar", cuenta en su autobiografía, *A Charge to Keep*. "Dejar el país para evitar ser reclutado no era una opción para mi. Era demasiado conservador y tradicional". Decidió entonces cumplir su servicio militar en la Guardia Nacional Aérea de Texas.

PRIMEROS TRABAJOS

Bush pasó un año en servicio activo y luego fue asignado a la base de la Fuerza Aérea Ellington en Houston. Aprendió a volar el F-102, un avión caza de un solo asiento. Como parte de su servicio en la Guardia Nacional, Bush siguió volando durante los fines de semana y también consiguió una serie de trabajos durante la semana, ninguno de los cuales resultó adecuado para él. Trabajó durante un tiempo para una empresa agro-industrial, empleo que encontró aburrido y luego colaboró como mentor en un programa para niños afroamericanos pobres.

Bush en la Guardia Nacional Aérea de Texas, a fines de la década de 1960.

Bush ahora se refiere a ese período de su vida, de 1969 a 1973, como "sin rumbo". "No tenía ninguna responsabilidad". Él y sus amigos asistían mucho a fiestas y algunos medios de prensa que se ocuparon del comportamiento de Bush durante esa época dejaron entrever que es muy probable que Bush consumiera drogas y bebiera demasiado. Bush rehúsa a discutir ese período de su vida, salvo para comentar que "la pregunta es: ¿has aprendido algo de tu comportamiento? La respuesta es: sí". En 1973, decidió volver a la universidad y obtener un M.B.A., una Maestría en Administración de Empresas en Harvard University. En 1975, con su Maestría en mano, volvió a su antigua ciudad de Midland, Texas, para probar fortuna como empresario independiente.

MOMENTOS DESTACABLES DE SU CARRERA

El negocio del petróleo

Sin experiencia pero con mucho entusiasmo, Bush decidió aprender todo lo que pudiera acerca de la industria del petróleo. Teniendo en cuenta los consejos de los amigos de la familia que todavía estaban en el área, tomó clases en el Permian Basin Graduate Center para aprender acerca de la perforación de pozos de petróleo, el arrendamiento y otros aspectos de la industria. Luego consultó los títulos de propiedad para saber quiénes tenían derechos sobre la explotación minera de determinadas áreas a fin de poder investigar el arrendamiento de propiedades para perforar pozos de petróleo. El nombre de su primera empresa fue "Arbusto" (que es la traducción de la palabra "Bush" al español). Vivía en un departamento pequeño e incómodo que, según lo describe uno de sus amigos, "parecía un basurero de residuos tóxicos". Consiguió varios inversores entre familiares y amigos, y empezó a trabajar en la perforación de pozos de petróleo.

———— " ————

"No soy lo suficientemente sofisticado como para saber si tenía un problema clínico", dice sobre su problema con la bebida. "Y no puedo decir que me haya ocurrido algo significativo que hizo que mi vida cambiara. Todo lo que sé es que era una persona llena de energía y el alcohol empezó a competir con mi capacidad para mantener elevado mi nivel de energía. Desearía poder decir que hubo alguna otra razón más profunda. Pero simplemente dejé de beber".

———— " ————

Dos hechos ocurridos a fines de la década de 1970 marcaron un cambio en la vida de Bush. En 1977, conoció a Laura Welch, bibliotecaria de una escuela de Midland que de hecho había asistido a la escuela secundaria con él, aunque nunca se habían conocido. Bush dice que fue "amor a primera vista". Tuvieron un noviazgo relámpago y tres meses después se casaron. Ese mismo año, Bush decidió postularse para ocupar un puesto en la Cámara de Representantes de Texas. Fue la primera oportunidad en que dio muestras de ambiciones políticas, y esto sorprendió a su familia y amigos. Durante esa primera campaña, también se enfrentó a las acusaciones que lo han perseguido hasta hoy: que estaba aprovechando las conexiones políticas y el dinero de la familia, y que era un presuntuoso educado en el este que no conocía ni comprendía a Texas. Perdió la elección por 53% a 47%, pero fue un buen resultado para un novato en política.

Bush volvió a su pequeño negocio petrolero; pero durante los primeros años las cosas no marcharon bien. A principios de la década de 1980, la empresa estaba en problemas financieros y la actividad petrolera en general tampoco estaba en su mejor momento. Se fusionó con otra empresa, Spectrum 7, pero incluso con la inyección de capital que esto trajo, la empresa siguió perdiendo dinero. Entonces Spectrum se fusionó con otra empresa, Harken Energy, en un trato por el que Bush recibió 200.000 acciones y un salario anual de $120.000 dólares como miembro de la junta directiva de la empresa.

Cambios personales

En 1986, después de una alocada fiesta organizada para celebrar su cumpleaños número 40 y de amanecer al día siguiente con una resaca infernal, Bush decidió dejar de beber alcohol. Tenía la reputación de llevar un estilo de vida festivo y, según su esposa, ellos ya habían conversado acerca de su problema con el alcohol. Para Bush, la decisión fue simple. Dejó de beber alcohol y no ha consumido ninguna bebida alcohólica desde entonces. "No soy lo suficientemente sofisticado como para saber si tenía un problema clínico", dice. "Y no puedo decir que me haya ocurrido algo significativo que hizo que mi vida cambiara. Todo lo que sé es que era una persona llena de energía y el alcohol empezó a competir con mi capacidad para mantener elevado mi nivel de energía. Desearía poder decir que hubo alguna otra razón más profunda. Pero simplemente dejé de beber". También renovó sus votos con respecto a su fe cristiana.

En 1988, Bush se mudó con su familia a Washington, donde su padre, que entonces era Vicepresidente de los Estados Unidos, había presentado su candidatura para presidente. Esto los acercó mucho, dado que George W. se desempeñó como uno de los asesores de mayor confianza de su padre. Una vez que su padre obtuvo la victoria en noviembre de 1988, el joven Bush regresó a Texas y al mundo de los negocios.

Co-propietario de los Rangers de Texas

Bush, que siempre fue fanático del béisbol, se transformó en la figura central de la transacción para adquirir el equipo de béisbol de los Rangers de Texas. Bush liquidó sus acciones de Harken, que estaban valoradas en aproximadamente $850.000 dólares, y utilizó parte de las ganancias para comprar acciones del equipo.

Posteriormente, cuando comenzó a dedicarse a la política, esta venta de acciones generó una serie de investigaciones y acusaciones del uso ilegal de información confidencial por parte de Bush. Poco tiempo después de que vendió sus acciones, el valor de las acciones de Harken cayó, lo que hizo que algunos acusaran a Bush de saber que el valor de las acciones bajaría y de utilizar esta información interna confidencial para vender sus acciones mientras todavía seguían manteniendo su valor. Si Bush, como miembro de la junta directiva de la empresa, hubiera utilizado información interna en una venta de acciones, esto habría sido ilegal. Sin embargo, las

Retrato de la familia Bush, 1992. George W. es el cuarto desde la izquierda en la hilera de atrás.

investigaciones de las autoridades federales y el *Wall Street Journal* acerca de la transacción no demostraron que Bush hubiera incurrido en ningún tipo de fraude.

Bush se convirtió en socio gerente de los Rangers. Asistía a la mayoría de los partidos, conversaba con el gran Nolan Ryan de los Rangers, hablaba con los aficionados y siempre se sentaba en las tribunas populares en lugar de hacerlo en el palco especial reservado para los propietarios. Gracias a su actividad con los Rangers, Bush se convirtió en un texano conocido y popular.

En 1992, George Bush presentó su candidatura a la reelección como presidente pero fue derrotado por el novato Bill Clinton. El entorno de Bush, incluyendo a George W., se sintió aturdido por esta decepción. Ahora dice que aprendió mucho con la derrota de su padre. "A la gente no le importa lo que has hecho por ellos el año anterior", dice. "Quieren saber qué sucederá el año próximo". Su padre no se había ocupado tanto del estado de la economía nacional como lo había hecho su rival, y éste resultó ser un factor determinante de su derrota. Cuando George W. Bush anunció que pensaba ingresar a la política en 1994, tuvo en cuenta lo que había aprendido.

Introducción a la política

En lo que parecía ser una elección imposible de ganar, George W. Bush se enfrentó a la popular gobernadora Ann Richards en la lucha para obtener la gobernación de Texas en 1994. Richards había alcanzado la fama por una frase que utilizó para burlarse del padre de Bush durante la Convención Demócrata de 1988. "Pobre George", dijo Ann del entonces Vicepresidente, "nació con un pie de plata metido en la boca" (aludiendo al hecho de que Bush venía de una familia adinerada). Se enfrentó a su adversario en la pugna por la reelección utilizando el mismo estilo. Se burló de Bush afirmando que era inexperto y que dependía de su apellido y sus conexiones, llamándolo "Shrub" (retoño) o "Junior" y dijo una vez que era un "pelmazo". Bush no perdió la paciencia y jamás le respondió en el mismo tono. En lugar de ello, dijo: "La última vez que me llamaron pelmazo fue en la Sam Houston Elementary School de Midland, Texas. No voy a insultar a la gobernadora, sino que voy a elevar este debate al nivel que los texanos esperan". Bush concentró su atención en cuatro temas clave: la reforma de la educación, el bienestar social, las leyes sobre propiedad personal y la delincuencia juvenil. Derrotó a Richards por muy poco margen en noviembre, convirtiéndose en el segundo republicano en ser elegido gobernador de Texas desde la década de 1860.

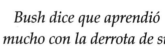

Bush dice que aprendió mucho con la derrota de su padre en 1992 ante Bill Clinton. "A la gente no le importa lo que has hecho por ellos el año anterior", dice. "Quieren saber qué sucederá el año próximo".

Gobernador de Texas

Bush resultó ser un gobernador popular y eficaz, y un líder republicano distinto. 1994 fue el año en que Newt Gingrich y otros republicanos conservadores obtuvieron la mayoría de los asientos en la Cámara de Representantes de los EE.UU. Gingrich y varios de los demás republicanos conservadores eran conocidos por su postura política hostil y combativa. A diferencia de ellos, Bush buscaba obtener el consenso general. Trabajó junto con los demócratas en el Congreso de Texas para que se aprobaran las iniciativas legislativas que deseaba en todas las áreas clave que había prometido. Obtuvo uno de los índices de aprobación más altos de la nación, y en 1998 ganó fácilmente la reelección con el 69% de los votos, convirtiéndose en el único gobernador de Texas en ser reelegido para un período de cuatro años. Ese mismo año, su hermano Jeb fue elegido gobernador de Florida.

Bush saluda a la multitud junto con su esposa Laura durante la Convención Nacional Republicana, 3 de agosto del 2000.

A medida que su éxito en Texas se hizo conocido en todo el país, Bush comenzó a ser considerado como posible candidato a la presidencia para las elecciones del año 2000. En 1998, el país estaba inmerso en el escándalo de Monica Lewinsky y los procedimientos de juicio político contra el Presidente Clinton. Por su parte, Bush no estaba seguro de si deseaba exponer a su familia a lo que denominó la "picadora de carne" de la mirada feroz de los medios de comunicación. Incluso antes de que anunciara que tenía intenciones de presentar su candidatura, sus finanzas empezaron a ser investigadas. En 1998 vendió sus acciones de los Rangers de Texas por un valor de $14.9 millones de dólares, lo que llevó a que se investigara cómo había amasado semejante fortuna. Esto condujo a una nueva investigación de la venta de acciones de Harken y a que se publicara una andanada de artículos que examinaban en detalle su historial financiero.

La pugna por la nominación republicana

A pesar de las dudas con respecto a su entorno e idoneidad, Bush emergió como el ganador en la campaña por la nominación del Partido Republicano. En marzo de 1999, anunció que iba a crear un "comité de análisis" para examinar la situación y ver si presentaba su candidatura a presidente. En ese momento, entre sus competidores por la nominación estaban el ex-Vicepresidente Dan Quayle, la ex-Secretaria de Trabajo Elizabeth Dole, el autor y periodista radial Alan Keyes y el editor millonario Steve Forbes.

Pero su mayor competidor, y también el más sorprendente, era el Senador John McCain. McCain, que era relativamente desconocido y contaba con muy poco apoyo dentro de su propio partido, dio a conocer su candidatura en abril de 1999. Bush, que por entonces era considerado como el favorito, había conseguido recaudar $63 millones de dólares, la mayor cifra que un candidato a presidente haya obtenido en toda la historia.

En el proceso político estadounidense, los candidatos presidenciales son elegidos por ambos partidos, Republicano y Demócrata, a través de elecciones primarias. En las primarias, los votantes eligen delegados que se comprometen a votar por un candidato determinado durante la convención del partido, que se celebra durante el verano del año electoral. Las primeras elecciones primarias del año electoral se celebran en febrero en New Hampshire. Los candidatos permanecieron durante buena parte de fines de 1999 y principios del 2000 en New Hampshire, hablando con los votantes y participando en debates. Bush parecía ser invencible, pero McCain apareció cuando nadie lo esperaba y obtuvo un triunfo sorprendente en las primarias de New Hampshire. Por primera vez, la nominación de Bush pareció tambalear. La popularidad de McCain aumentó espectacularmente pero Bush se rehizo y lo derrotó en las primarias de Carolina del Sur.

Pero el triunfo de Bush en Carolina del Sur tuvo su precio. Había comenzado su campaña en Carolina del Sur con un discurso en Bob Jones Uni-

> "
> *En su discurso de aceptación en la Convención Republicana, Bush se comprometió a "renovar el propósito de Estados Unidos". Sostuvo que EE.UU. es un país "emprendedor, decente y que está preparado para los cambios", y prometió restaurar "la urbanidad y el respeto en Washington D.C.".*
> "

versity, una universidad que prohibía la formación de parejas entre personas de distintos grupos raciales y era conocida por ser un bastión de la política ultraconservadora. La campaña de Bush en Carolina del Sur fue despiadada, y ciertas actitudes políticas resultaron muy desagradables. En un momento, apareció un anuncio publicitario en contra de McCain, en el que se ponía en duda la paternidad de dos de los hijos de McCain y se burlaban del entorno racial de su hija adoptiva, que nació en Bangladesh. Bush trató de negar toda vinculación con el anuncio; pero obviamente éste había sido creado y divulgado por gente que no deseaba que McCain resultara el vencedor.

McCain se enfureció y criticó ferozmente a la campaña de Bush y las tácticas de los religiosos de derecha, a los que acusó de ser los causantes de la crueldad de la campaña de Carolina del Sur. Varios ciudadanos estadounidenses también se sintieron consternados ante las tácticas aplicadas en la campaña. McCain resurgió y superó a Bush en las primarias de Michigan y Arizona, obteniendo muy buenos resultados entre los votantes independientes y los demócratas.

El "super martes" 7 de marzo del 2000 fue el día decisivo de la campaña. El "super martes" fueron las elecciones primarias más grandes de toda la historia de la nación. Se votaba para delegados en 16 estados, incluyendo dos de los estados más grandes, California y Nueva York. Bush obtuvo un triunfo indiscutible en esos dos estados, así como en otros 10 estados, con lo que la nominación era prácticamente suya. McCain se retiró y Bush se concentró en lo que sucedería en noviembre. Para entonces, estaba claro que su oponente sería el Vicepresidente Al Gore, quien había triunfado en la contienda del Partido Demócrata contra el senador Bill Bradley.

La carrera hacia la presidencia

El 3 de agosto del 2000, el Partido Republicano designó a George W. Bush como candidato a presidente durante la Convención del Partido Republicano que se celebró en Filadelfia. El 4 de agosto del 2000, Bush aceptó la nominación para ser candidato a presidente de su partido. Dio su discurso de aceptación en la Convención Republicana y delineó cuáles serían los puntos centrales de su campaña. Se comprometió a "renovar el propósito de los Estados Unidos", e increpó al gobierno de Clinton y Gore por haber "desperdiciado el momento prometedor" de la prosperidad del país en ese momento. Sostuvo que EE.UU. es un país "emprendedor, decente y que está preparado para los cambios", y que dado que Clinton y Gore "no han podido liderar este país, nosotros lo haremos". Reiteró los principios fundamentales de su campaña: fortalecer la educación, la seguridad social, el cuidado de la salud y la defensa. En obvia referencia a los escándalos de la era de Clinton en la Casa Blanca, se comprometió a restaurar "la urbanidad y el respeto en Washington D.C.".

Las elecciones presidenciales del 2000 fueron una de las contiendas más ajustadas (y extrañas) de toda la historia estadounidense. La elección entre George W. Bush y Al Gore fue tan pareja que, de hecho, el resultado sólo se conoció varias semanas después del 7 de noviembre del 2000, día de las elecciones. Cuando se había hecho el recuento de todos los votos salvo los del estado de la Florida, Gore lideraba la elección por muy poco margen; pero ninguno de los dos candidatos contaba con los votos suficientes como para triunfar en el Colegio Electoral. Muy pronto quedó claro que los 25 votos electorales de la Florida serían los que decidirían el resultado de las elecciones. En ese estado la votación fue tan pareja (menos de la mitad del uno por ciento de los votos populares separaba a un candidato de otro) que fue necesario ordenar que se hiciera un recuento de los votos. En primer lugar, el recuento de los votos se hizo a máquina, con lo que Bush tomó la delantera. Pero hubo problemas con varias de las papeletas y otras irregularidades durante la votación, razón por la cual Gore y los Demócratas

"El Presidente de los Estados Unidos de América es el presidente de cada estadounidense, de cualquier raza y situación", dijo Bush. "Ya sea que me hayan votado o no, haré mi mejor esfuerzo para servir a sus intereses, y trabajaré duro para ganarme su respeto".

exigieron que se hiciera un nuevo recuento de forma manual en ciertos condados. También había habido problemas con los votos de personas ausentes, en especial los votos que habían sido enviados por el personal de las Fuerzas Armadas de EE.UU. en el extranjero, y Bush y los Republicanos se aseguraron de que esos votos fueran incluidos en el recuento.

Durante el transcurso del siguiente mes, hubo interminables disputas tanto en los tribunales como en los medios de comunicación, dado que tanto los Republicanos como los Demócratas intentaban conseguir que se llegara a alguna decisión que los favoreciera. El tema más problemático era el recuento manual, que fue recusado ante los tribunales. Alrededor de cinco semanas después de las elecciones, la Corte Suprema decidió suspender el recuento, lo que, en efecto, fue lo que decidió las elecciones. Esto permitió que Bush tomara la delantera en la Florida por unos 537 votos, de los casi 6

El Presidente George W. Bush durante su inauguración, prestando juramento al Juez Principal de la Corte Suprema William Rehnquist (derecha). A Bush lo acompañan su esposa, Laura Bush, y sus dos hijas, Jenna y Barbara; el Vicepresidente Dick Cheney con su esposa Lynne Cheney están detrás.

millones de votos emitidos. Con los 25 votos electorales de la Florida, Bush tenía suficientes votos para triunfar en el Colegio Electoral, aunque Gore había obtenido el voto popular. Gore dio un discurso aceptando la victoria de Bush, quien entonces dirigió un mensaje a la nación, en el que expresaba su deseo de unir a todo el país. "El Presidente de los Estados Unidos de América es el presidente de cada estadounidense, de cualquier raza y situación", dijo Bush. "Ya sea que me hayan votado o no, haré mi mejor esfuerzo para servir a sus intereses, y trabajaré duro para ganarme su respeto".

El 43° Presidente

Bush asumió como el 43° Presidente de los Estados Unidos el 20 de enero del 2001, con Dick Cheney como Vicepresidente. Inicialmente, Bush presentó propuestas de reducción impositiva, reforma educativa, programas de desarrollo energético, política de defensa y otros temas que había tratado durante su campaña. La Cámara de Representantes, controlada por los

Republicanos, aprobó fácilmente su legislación. El Senado fue otra historia. Al principio los Republicanos controlaban el Senado, 51 asientos contra 49; pero un senador cambió de bando y el control del Senado quedó en manos del Partido Demócrata. En ese momento, se esperaba que la relación entre ambas cámaras se volvería contenciosa y también se pronosticaban desacuerdos entre el Senado y el Presidente. Muchos pensaron que sería muy difícil para el Presidente resolver problemas complejos y lograr un país unido atrás de su figura. Al final del verano, su popularidad había decaído de forma observable.

——— *"* ———

Sin embargo, todo cambió el 11 de septiembre del 2001, cuando unos terroristas atacaron el World Trade Center en la ciudad de Nueva York y el Pentágono en Washington, D.C. Cerca de 3.000 personas murieron, las torres gemelas del World Trade Center fueron destruidas y una sección del Pentágono fue demolida. La nación y el Presidente quedaron aturdidos y afligidos. El pueblo estadounidense se unió inmediatamente detrás de su presidente y se produjo una verdadera ola de patriotismo y unidad nacional. Para muchos estadounidenses, estos horrendos actos de terrorismo hicieron que los problemas que dividían al país parecieran menos importantes.

"Esta noche somos un país que se ha despertado ante el peligro y que ha sido llamado a defender la libertad", dijo el Presidente Bush después del 11 de septiembre. "Nuestro dolor se ha convertido en rabia, y nuestra rabia en decisión. Ya sea que llevemos a nuestros enemigos ante la justicia o que llevemos nuestra justicia a nuestros enemigos, de todas formas se hará justicia".

El 20 de septiembre, el Presidente Bush pronunció un discurso frente al Congreso en el cual declaró la guerra global contra el terrorismo. Todos los miembros de la Cámara de Representantes y del Senado de EE.UU. aplaudieron unánimemente sus palabras. Bush supo expresar el dolor y la rabia de la nación, reconfortó al pueblo estadounidense prometiéndole seguridad y aseguró que los Estados Unidos castigaría a las fuerzas terroristas. "Esta noche somos un país que se ha despertado ante el peligro y que ha sido llamado a defender la libertad", dijo el Presidente Bush en su discurso. "Nuestro dolor se ha convertido en rabia, y nuestra rabia en decisión. Ya sea que llevemos a nuestros enemigos ante la justicia o que llevemos nuestra justicia a nuestros enemigos, de todas formas se hará

Bush visita Zona Cero en el World Trade Center durante un servicio
conmemorativo, 11 de noviembre del 2001.

justicia". También agregó: "A partir de este día, cualquier nación que continúe amparando o respaldando al terrorismo será considerada por EE.UU. como un régimen hostil". Este ultimátum fue pronunciado con referencia al régimen Talibán en Afganistán y a Osama bin Laden. Las fuentes de inteligencia de la nación ya habían determinado que Osama bin Laden y su red terrorista estaban involucrados en los atentados. El Presidente Bush claramente amenazó con que los EE.UU. ejercería represalias tanto en contra de bin Laden como de Afganistán, país donde se creía que el grupo de bin Laden había establecido su base. Los Estados Unidos inició a partir de ese momento una serie de ataques militares contra Afganistán.

Estos acontecimientos se convirtieron en el momento definitorio de la presidencia de Bush y los observadores están de acuerdo en que tuvo que enfrentar una difícil prueba de liderazgo. Tuvo que resolver simultáneamente una serie de complejos problemas: recobrar la confianza de la nación, gobernar el país durante un período de duelo, evaluar la amenaza terrorista para la seguridad de la nación, identificar a los perpetradores, dirigir la represalia contra los responsables del ataque; armar una coalición internacional que apoyara la misión de la nación; corregir lo que muchos consideraron como un colapso del sistema de inteligencia del país y desarrollar un plan para combatir el terrorismo.

Continúan los desafíos

La presidencia de George W. Bush ha sido marcada por los ataques terroristas del 11 de septiembre. A partir de ese momento, prácticamente todos los elementos de su presidencia, tanto las cuestiones internas como internacionales, se concentraron en responder al terrorismo. Algunas personas han expresado su temor de que las cada vez más importantes campañas antiterroristas y en contra de Irak hayan ocupado el primer plano político a expensas de las cuestiones internas.

En el frente interno, la nación tuvo que enfrentar algunos problemas que no están directamente relacionados con el terrorismo. Los escándalos empresariales y la mala administración a nivel ejecutivo aparecieron en la primera plana de todos los medios a lo largo del 2002, lo que afectó particularmente al gobierno dado que Bush había sido director de Harken Energy y el Vicepresidente Dick Cheney fue gerente de Halliburton, dos empresas afectadas por los escándalos. Durante los últimos dos años, los Demócratas han controlado el Senado. Esto ha hecho difícil para el Presidente y los Republicanos ratificar nuevas leyes, cercenando de esta manera las nuevas iniciativas legislativas.

La economía de la nación se vio complicada durante el 2002 y el valor de las acciones cayó. Muchos estadounidenses se sintieron muy molestos por los escándalos financieros y profundamente preocupados por el futuro de la economía y su propia estabilidad económica, lo que llevó a pensar que el

Bush aceptando los aplausos durante su discurso en la sesión plenaria del Congreso de los EE.UU, 29 de enero del 2002. El Vicepresidente Dick Cheney (atrás izquierda) y el Portavoz de la Cámara de Representantes Dennis Hastert (atrás derecha) se levantan para aplaudirle.

Presidente estaba demasiado ocupado con el terrorismo como para abordar estos problemas cruciales. Sin embargo, el terrorismo siguió siendo un tema importante en el plano interno. El Presidente Bush llevó al gobierno a fortalecer el sistema de seguridad en varias áreas agregando protección adicional a nuestras fronteras, nuestro sistema de transporte, nuestros suministros de energía y otras áreas. Además, el Presidente autorizó la creación de una nueva división a nivel de gabinete denominada Departamento de Seguridad del Territorio Nacional, que se encargaría de estas cuestiones. Sería responsable de coordinar la estrategia de seguridad nacional dentro del país.

En el frente internacional, EE.UU. continuó la guerra contra el terrorismo, interviniendo en Afganistán. Gran parte de este esfuerzo ha sido satisfactorio. Los talibanes fueron controlados y el país ya no es un refugio seguro para Al Qaeda. Desafortunadamente, muchos líderes de Al Qaeda todavía están libres y aún no se conoce el paradero de Osama bin Laden. Se recibieron algunos informes de que había sido herido de gravedad, pero esos informes no han sido confirmados. A esta altura, todavía existen muchas preguntas sin responder acerca de los líderes del grupo, sus objetivos y la planificación de los atentados del 11 de septiembre.

"La guerra contra el terrorismo no se va a ganar desde la defensa", afirmó el Presidente Bush durante un discurso pronunciado en West Point. "Debemos llevar la batalla al campo enemigo, desbaratar sus planes y enfrentar las peores amenazas antes de que aparezcan ... El único camino a la seguridad es el camino de la acción. Y esta nación va a actuar".

Durante el 2002, la nación discutió la idea de que las amenazas externas han llevado a una nueva estrategia nacional basada en los ataques preventivos. Históricamente nuestra nación siempre ha creído que es incorrecto golpear primero, que sólo debíamos atacar en defensa propia. El Presidente Bush argumentó que es la responsabilidad de nuestra nación atacar de forma preventiva, antes de ser atacados, a grupos o naciones con intenciones terroristas. "La guerra contra el terrorismo no se va a ganar desde la defensa", afirmó el Presidente Bush durante un discurso pronunciado en junio del 2002 en West Point. "Debemos llevar la batalla al campo enemigo, desbaratar sus planes y enfrentar las peores amenazas antes de que aparezcan ... El único camino a la seguridad es el camino de la acción. Y esta nación va a actuar". El Presidente Bush identificó a Irak y a su líder, Saddam Hussein, como una amenaza para EE.UU. debido al armamento de destrucción masiva de ese país. En 1991, como parte de un acuerdo de cese del fuego al finalizar la guerra del Golfo, Hussein aceptó eliminar todas sus armas de destrucción masiva. Sin embargo, Irak impidió en reiteradas oportunidades que inspectores de las Naciones Unidas realizaran inspecciones para buscar y eliminar dichas armas. Desde 1991, las Naciones Unidas han aprobado una serie de resoluciones que obligan a Irak a aceptar la destrucción de sus armas químicas y biológicas así como de sus instalaciones de investigación nuclear. Irak se ha negado a cumplir estas resoluciones. En 1998 los inspectores de armamentos de las Naciones Unidas se vieron forzados a abandonar Irak y muchos temen que Hussein haya incrementado su armamento desde entonces. Por esta razón, se considera a Irak como una seria amenaza.

— **"** —

"Debemos velar por nuestra seguridad", declaró ante los delegados reunidos. La seguridad de los Estados Unidos "está siendo atacada en la actualidad por grupos y regímenes proscritos que no aceptan ninguna ley moral y no tienen límites en sus violentas ambiciones".

— **"** —

En septiembre del 2002, el Presidente Bush se presentó ante las Naciones Unidas para defender la idea del ataque preventivo. Instó a las Naciones Unidas para que enfrenten a Hussein y lo obliguen a cumplir las resoluciones del organismo y que elimine sus programas de armamento. Planteó una serie de reclamos en contra del presidente y el gobierno iraquí, incluyendo abusos contra los derechos humanos, vínculos con grupos terroristas y un ambicioso programa para desarrollar armas biológicas, químicas y nucleares. Bush además estableció claramente que si Hussein rehusaba a cumplir con lo pactado y si las Naciones Unidas no actuaban, entonces, los Estados Unidos estaba preparado para actuar por su cuenta, aun sin el apoyo de la comunidad internacional. "Debemos velar por nuestra seguridad", declaró ante los delegados reunidos. La seguridad de los Estados Unidos "está siendo atacada en la actualidad por grupos y regímenes proscritos que no aceptan ninguna ley moral y no tienen límites en sus violentas ambiciones".

A fines del 2002, los inspectores de armamentos de las Naciones Unidas iniciaron la inspección de diversos sitios en Irak, aunque todavía no se conocen los resultados. Sin embargo, muchas personas en todo el mundo temen que una guerra entre Estados Unidos e Irak sea inevitable.

MATRIMONIO Y FAMILIA

Bush se casó con Laura Welch, quien en el momento de casarse, en 1977, trabajaba como bibliotecaria en una escuela pública. Cinco años más tarde tuvieron mellizas, Jenna y Barbara, que ahora tienen 18 años. La familia Bush siempre ha mantenido a sus hijas fuera del ámbito político y los medios han respetado su deseo de que Barbara y Jenna no estén sujetas a la misma atención mediática y pérdida de privacidad que su padre ha experimentado. Ambas jóvenes se graduaron de una escuela pública de Austin e iniciaron la universidad en el año 2000.

PASATIEMPOS Y OTROS INTERESES

Bush es un corredor entusiasta y ha completado varios maratones. También le encanta pescar, en su propiedad en Texas y en el hogar de la familia en Kennebunkport, Maine.

PUBLICACIONES

A Charge to Keep, 1999

MÁS INFORMACIÓN

En inglés

Bush, George W. *A Charge to Keep*, 1999
Current Biography Yearbook, 1997
New York Times, 8 de mayo de 1999, pág. A1; 21 de mayo del 2000, pág. A1; 10 de junio del 2000, pág. A1; 29 de julio del 2000, pág. A1; 1 de agosto del 2000, pág. A1; 4 de agosto del 2000, pág. A1; 12 de septiembre del 2001, varios artículos; 11 de septiembre de 2002, pág. A1
New York Times Magazine, 13 de septiembre de 1998, pág. 52
New Yorker, 19 de octubre de 1998, pág. 30
Time, 15 de marzo de 1999, pág. 42; 21 de junio de 1999, pág. 34; 18 de octubre de 1999, pág. 50; 17 de enero del 2000, pág. 47; 5 de agosto del 2002, pág. 20; 16 de septiembre del 2002, pág. 20
Washington Post, 12 de septiembre del 2001, varios artículos; 21 de septiembre del 2001, págs. A1 y A22
Who's Who in America, 2002
World Book Encyclopedia, 2002

DIRECCIÓN

George Bush
Office of the President
The White House
1600 Pennsylvania Avenue NW
Washington, DC 20500

SITIOS WEB

http://www.whitehouse.gov/president/gwbbio.es.html (en español)
http://www.whitehouse.gov/president (en inglés)
http://www.whitehouse.gov/kids (en inglés)
http://www.ipl.org/div/potus (en inglés)

Jennifer López 1970-
Cantante, bailarina y actriz estadounidense
Protagonista de las películas *Selena, Un romance
peligroso* y *La experta en bodas*
Autora de los discos *On the 6* y *J. Lo*

NACIMIENTO

Jennifer López nació el 24 de julio de 1970 en el Bronx, un
barrio de la ciudad de Nueva York. Es la segunda de las tres
hijas de David López, gerente de operaciones de informática
de una compañía de seguros y Guadalupe (Lupe) López,
maestra de jardín de infancia. David y Lupe llegaron siendo
niños a los Estados Unidos desde Ponce, una pequeña ciu-

dad de Puerto Rico. Se conocieron en el Bronx, se casaron y tuvieron tres hijas: Leslie, Jennifer y Lynda. Leslie, que es un año mayor que Jennifer, es profesora de música y a veces actúa como cantante de ópera; Lynda, que es dos años menor, es periodista de farándula para un programa televisivo de noticias de Nueva York y disk-jockey en VH-1, el canal de videos musicales. David y Lupe se divorciaron en 1998.

JUVENTUD

Jennifer y sus hermanas crecieron en la sección del sur del Bronx llamada Castle Hill, una zona que se ha ganado mala reputación por sus pandillas callejeras, traficantes de drogas y edificios en ruinas. Sin embargo, David y Lupe López , católicos muy estrictos, enseñaron a sus hijas los valores éticos del trabajo y las alentaron a interesarse por una amplia variedad de actividades. Como resultado, cuenta López: "era una buena niña. Siempre estaba abrazando a la gente. Me llevaba muy bien con mis abuelos y escuchaba lo que mi madre me decía y no hacía nada malo. No maldecía ni vagabundeaba por ahí. Nunca fui desobediente; pero me gustaban los juegos de varones y era muy atlética".

"Estaba en tercer grado cuando "Rappers Delight" de The Sugarhill Gang me cambió la vida", recuerda. "Pero cuando llegaba a casa, mi madre estaría escuchando a Celia Cruz, Tito Puente o Diana Ross. Esos fueron mis inicios. Es lo que yo llamo el alma latina".

López estuvo siempre en contacto con la música durante su juventud. "Tocábamos todo tipo de música", recuerda su padre. "Canciones de musicales, salsa, merengue, rock, doo-wop, cualquier cosa. A las niñas les gustaba organizar espectáculos en la sala y representar escenas". Al caminar por el barrio, López pudo escuchar una gran variedad de estilos musicales. "Estaba en tercer grado cuando "Rappers Delight" de The Sugarhill Gang me cambió la vida", recuerda. "Pero cuando llegaba a casa, mi madre estaba escuchando a Celia Cruz, Tito Puente o Diana Ross. Esos fueron mis inicios. Es lo que yo llamo el alma latina".

No era común que una joven de origen puertorriqueño del sur del Bronx soñara con convertirse en artista famosa. Sin embargo López supo desde muy niña que quería ser una estrella. Empezó a tomar clases de danza cuando tenía cinco años y más tarde se inscribió también en clases de canto y actuación. Un pasatiempo favorito de la familia era ver películas musicales por televisión. *West Side Story* era la favorita de López, que soñaba con convertirse en la nueva Rita Moreno, la estrella puertorriqueña de la película. "Lo que más me gustaba era que se trataba de un musical sobre puertorriqueños que vivían donde yo vivía", explica. En su juventud vio la película más de 100 veces.

RECUERDOS DE LA INFANCIA

Cuando era pequeña Jennifer compartía el dormitorio con sus dos hermanas. Cuando Leslie y Lynda no estaban, jugaba a probarse distintos vestidos, escuchaba discos e imitaba a las cantantes que escuchaba. "Esos eran los mejores momentos, cuando tenía el cuarto para mí sola y podía fantasear frente al espejo", cuenta Jennifer.

EDUCACIÓN

López asistió a la escuela de la Sagrada Familia (Holy Family School) en el Bronx, una escuela católica de niñas donde su madre trabajaba como maestra. Aunque siempre fue una "buena niña", muchas veces debió enfrentar situaciones en las que tuvo que aprender a defenderse. Por ejemplo, cuando estaba en cuarto grado dos niñas competían por su amistad. Una se puso celosa y empezó a hablar mal de ella a sus espaldas. Cuando López la enfrentó, se desencadenó una pelea y Jennifer terminó derribando a la otra niña. "Aunque no me siento orgullosa de este episodio, lo cierto es que gané esa pelea", explica. "Nunca nadie volvió a faltarme el respeto después de esto y terminé la escuela sin un rasguño".

López admite que en el colegio secundario nunca fue una alumna aplicada: "Hacía lo que tenía que hacer, pero nada más". Sin embargo, era una gimnasta con mucha habilidad, compitió a nivel nacional en atletismo y formó parte del equipo de softball del colegio. Después de graduarse en 1988, fue a estudiar al Baruch College en la ciudad de Nueva York. Sus padres querían que fuera abogada, recuerda López, pero ella tenía otros planes. "Realmente, creo que hubiera sido una abogada razonable, pero me parece que no hubiera sido una abogada muy feliz. Me habrían dado ganas de cantar frente al jurado. Habría presentado mis alegatos finales con una canción". Dejó la universidad después de terminar el primer semestre para dedicarse a su carrera artística.

PRIMEROS TRABAJOS

López siempre había soñado en convertirse en estrella; pero también era muy práctica. Durante un tiempo, pensó que podría ser peluquera profesional. Su primer trabajo, cuando todavía estaba en la secundaria, fue barrer el cabello en una peluquería local y con frecuencia practicaba sus técnicas de peluquería con el cabello de sus hermanas.

———— *"* ————

A fines de los años 80, López vivía en un apartamento en Manhattan, tomando clases de baile, yendo a bailar a los clubs y bailando en cualquier actuación que su profesor le conseguía. "Mi profesor luchaba para armar sus coreografías mientras que yo ganaba $150 dólares por una pequeña actuación que él había organizado. Viví en casa hasta que mi mamá y yo discutimos cuando ella se dio cuenta de que yo quería vivir de esto. Estaba preocupada por mí [. . .] Le preocupaba el hecho de que podía mezclarme con la gente equivocada".

———— *"* ————

López empezó a trabajar para lograr su sueño de convertirse en artista profesional cuando tenía 16 años y estaba todavía en el colegio. Para ese entonces ya había estudiado ballet, jazz, flamenco, piano y teatro clásico. Empezó a tomar el metro número 6 desde su casa en el Bronx hasta Manhattan para presentarse en las audiciones. En 1986 fue elegida para un pequeño papel en la película *My Little Girl*, que cuenta la historia de una joven proveniente de una familia adinerada que trabaja como voluntaria en los barrios bajos para ayudar a adolescentes con problemas. Dos años más tarde se fue de gira por Europa con el elenco de *Golden Musicals of Broadway* y viajó al Japón como integrante del coro del musical *Synchronicity*. Durante su gira por Europa, en una ocasión llamó a su casa llorando porque era la única bailarina que no tenía un número como solista y su madre le contestó: "deberás ser más dura si quieres dedicarte a esto por el resto de tu vida". Fue un consejo que López nunca olvidó.

A fines de los años 80, López vivía en un apartamento en Manhattan y trabajaba en un estudio de abogados. Sin embargo, empleaba todo su tiempo libre tomando clases de baile, yendo a bailar a los clubs y bailando en cualquier actuación que su profesor le conseguía. También empezaron a contratarla para bailar en videos musicales. "Mi profesor luchaba para montar sus coreografías mientras que yo ganaba $150 dólares por una pequeña actuación que él había organizado. Viví en casa hasta que mi mamá y yo discutimos cuando ella se dio cuenta de que yo quería vivir de esto. Estaba preocupada por mí. Yo tenía 18 años, trabajaba en Manhattan y

Money Train, *1995*

luego salía corriendo para las clases de baile y los clubs . . . Nunca tomaba alcohol, pero ella no lo sabía. Le preocupaba el hecho de que pudiera mezclarme con la gente equivocada".

MOMENTOS DESTACABLES DE SU CARRERA

López se convirtió en superestrella casi de la noche a la mañana. Empezó su carrera como bailarina, luego consiguió pequeños papeles en algunas series de TV que no tuvieron éxito. Posteriormente obtuvo papeles secundarios en películas y luego papeles protagónicos en películas de Hollywood con los que obtuvo grandes elogios de los críticos. En ese momento volvió a cambiar de rumbo y se convirtió en cantante popular con dos discos que inmediatamente se colocaron entre los primeros puestos de las listas de éxitos y registraron ventas multimillonarias. Todo esto lo logró en unos pocos años, aun cuando para los artistas hispanos siempre ha sido difícil tener éxito en las industrias del cine y de la canción. Aunque muchos han tratado de encasillarla o limitarla, considerándola exclusivamente como hispana y actriz más que como artista integral, López ha resistido con éxito estas limitaciones. Según la revista *Vanity Fair,* "en un mundo en el que siempre se etiqueta a las personas, Jennifer López ha desafiado el encasillamiento, rompiendo con facilidad todas las barreras y trabajando con garra hasta llegar a la cima, siempre manteniendo intacta su imagen".

López ha dejado en claro que desea una carrera que combine todos sus intereses. "Desde el principio, siempre he elegido distintos papeles porque no quería que me encasillaran en una sola categoría. Quise demostrar que podía hacer cualquier papel. Que podía interpretar cualquier tipo de personaje, que podía transmitir cualquier tipo de emoción: debilidad, fortaleza, vulnerabilidad, rebeldía, lo que fuera". Pero su elección de papeles en las películas ciertamente no ha sido al azar, afirma Johanna Schneller en la revista *Premiere*. "Existe cierto patrón en la elección de sus papeles. Todos sus primeros personajes comparten un cierto anhelo: son mujeres luchadoras, arriesgadas". López agrega que son "sobrevivientes, porque eso era justamente lo que yo intentaba hacer, sobrevivir en Hollywood, evitar que me barrieran como el polvo debajo de una alfombra". Muchos consideran que su personalidad tiene dos costados: el de la muchacha ruda de la gran ciudad y el de la glamorosa estrella de cine. "Existen dos Jennifer López", escribió Anthony Bozza en la revista *Rolling Stone*, "la estrella de cine exitosa que viste ropa hecha a medida y prefiere vivir en Los Ángeles antes que en su Nueva York natal y la bailarina que viajaba en el metro número 6 soñando que algún día llegaría a ser la estrella que es ahora".

> **———— " ————**
>
> *"Existen dos Jennifer López", escribió Anthony Bozza en la* revista Rolling Stone, *"la estrella de cine exitosa que viste ropa hecha a medida y prefiere vivir en Los Ángeles antes que en su Nueva York natal, y la bailarina que viajaba en el tren subterráneo número 6 soñando que algún día llegaría a ser la estrella que es ahora".*
>
> **———— " ————**

Primeros papeles en televisión

La primera gran oportunidad para López vino en 1999, cuando fue seleccionada para integrarse al programa "In Living Color". Desarrollado por Keenan Ivory Wayans, este programa de variedades presentaba piezas cortas cómicas, música rap y baile y presentó por primera vez la cultura del hip-hop urbano en la televisión estadounidense. El humor era a menudo burdo y rústico y el programa era famoso porque se burlaba de todo el mundo. López fue elegida entre más de 2.000 jóvenes para formar parte de un grupo de chicas que bailaban entre un segmento y otro del programa. Se trasladó a Los Ángeles para trabajar con la coreógrafa Rosie Pérez y para formar parte del elenco multicultural del programa. Pero López no se llevaba muy bien con las otras bailarinas y se sentía sola.

Durante sus dos temporadas con "In Living Color", López también tomó clases de actuación y participó en la película para televisión *Nurses on the Line: The Crash of Flight 7*, donde su personaje formaba parte de un grupo de estudiantes de enfermería cuyo avión se estrella en la selva mexicana. Posteriormente, durante 1993-94 fue seleccionada para una serie de papeles en distintos programas de televisión que no duraron mucho. En primer lugar vino la serie de CBS "Second Chances" donde consiguió el papel de Melinda, una chica estadounidense de origen mexicano con un padre sobreprotector, casada con un estudiante de derecho proveniente de una familia de la alta sociedad. La serie se canceló en 1994 cuando el terremoto de Los Ángeles, ocurrido en enero de 1994, destruyó la mayor parte de los escenarios. En ese momento, el marido de una de sus compañeras en "In Living Color" la ayudó a conseguir un papel en un piloto para una serie llamada "South Central", una comedia dramática sobre una madre afroamericana divorciada que trata de criar a su familia en los barrios bajos de la ciudad de Los Ángeles. El programa sólo duró unos meses; pero el desempeño de López como actriz empezó a llamar la atención. Después volvió a retomar su papel como Melinda de "Second Chances" en una nueva serie llamada "Hotel Malibu", en la que tres jóvenes mujeres van a trabajar a un hotel de playa que está perdiendo dinero. "Hotel Malibu" se canceló después de seis episodios pero en la red CBS quedaron lo suficientemente impresionados con López como para ofrecerle un contrato con la cadena de televisión. A pesar de que la oferta era económicamente tentadora, la rechazó. Si bien estas series no fueron particularmente exitosas, sirvieron como buenos puntos de partida para su carrera de actriz. Jennifer López supo en ese momento que estaba lista para dar el siguiente paso.

La pantalla grande

López llegó a la pantalla grande en 1995, cuando consiguió el papel de la inmigrante mexicana María Sánchez en *Mi Familia*, una película que cuenta la historia épica de tres generaciones de una familia latina que intenta encontrar su lugar en la cultura multirracial de Estados Unidos. Protagonizada por Jimmy Smits y Edward James Olmos, que interpretaron al hijo mayor de la familia y narrador de la historia, *Mi Familia* empieza en los años 20 con el viaje del adolescente José Sánchez desde su aldea en México en busca de una nueva vida en Los Ángeles. José encuentra trabajo como jardinero en las mansiones de Beverly Hills y allí conoce a María, una sirvienta que, en la parte correspondiente a su juventud, es in-

Anaconda, 1997

terpretada por López. José y María se casan y tienen dos hijos; pero María es detenida por el Servicio de Inmigración y deportada a México. Después de dar a luz a su tercer hijo, María parte en un peligroso viaje de vuelta a Los Ángeles, donde se reúne finalmente con su familia.

López atrajo mucha atención con su debut cinematográfico en *Mi Familia* y muy pronto se la tuvo en cuenta para papeles más importantes y más variados. Su siguiente papel fue el de la policía de tránsito Grace Santiago en *Asalto al tren del dinero* (*Money Train*, 1995), protagonizada por Woody Harrelson y Wesley Snipes, que hacen también de policías. La película cuenta la historia de un piromaniaco que se divierte prendiendo fuego a cabinas de venta de pasajes del metro, echándoles un líquido inflamable. Esto provocó una gran polémica cuando, unos días después del estreno de la película, un empleado de una estación del metro de Brooklyn fue atacado de esa forma. Aunque Harrelson y Snipes fueron muy criticados por sus interpretaciones, López recibió elogios por su trabajo como la joven ruda y experimentada en la que ambos policías están interesados. Un crítico predijo que López le abriría las puertas a muchas actrices hispanas. El director de la película, Joseph Ruben, dijo que "Grace tenía que ser en primer lugar creíble como una policía que conoce bien las calles. Era necesario que la gente creyera que ella había crecido en Nueva York, que era una policía de Nueva York dura y fuerte. Además, tenía que ser interpretada por una estupenda actriz, con sentido del humor y mucho coraje. Jennifer lo logró. Es una verdadera estrella".

En el año siguiente, 1996, López trabajó junto a los actores veteranos de Hollywood Bill Cosby y Robin Williams en *Jack*. Williams tenía el papel de un niño de 10 años que sufre una rara enfermedad genética que hace que tenga el aspecto de un adulto de 40 años. López es su maestra de quinto grado, de la que Jack está enamorado.

Jennifer aceptó el papel porque según ella misma dice: "No quería limitarme a un solo tipo de personaje". En este momento de su carrera, casi todas las propuestas de trabajo que recibía eran papeles de latina avispada y le exigían que hablara con acento hispano. Pero López no quería verse limitada de esa manera, sino que, por el contrario, quería evitar que se la identificara siempre con el mismo tipo de personaje.

"Desde el principio, siempre he elegido distintos papeles porque no quería que me encasillaran en una sola categoría. Quise demostrar que podía hacer cualquier papel. Que podía interpretar cualquier tipo de personaje, que podía transmitir cualquier tipo de emoción: debilidad, fortaleza, vulnerabilidad, rebeldía, lo que fuera".

También tuvo otro papel protagónico. En el policial *Sangre y vino* (*Blood and Wine, 1996*), trabajó con el legendario actor de Hollywood Jack Nicholson, que representó el papel de Alex, un comerciante de vino con problemas con su negocio y su matrimonio que tiene una amante cubana llamada Gabriela, que es el papel de López. Alex decide que la única forma de salir de su difícil situación es robar un collar de diamantes que vale más de un millón de dólares y huir con Gabriela. Pero la muchacha tiene otros planes y el robo resulta ser un desastre. López recibió sus primeras malas críticas por su trabajo en esta película; pero esto sólo sirvió para que estuviera más decidida a tener éxito la próxima vez.

La siguiente oportunidad para probar su talento fue *Anaconda* (1997), una película de suspenso sobre un grupo de cineastas dedicados a filmar documentales que se interna en las junglas sudamericanas para filmar una película sobre una tribu que adora las serpientes venenosas. Allí conocen a Paul Sarone (Jon Voigt) un sacerdote paraguayo experto en

Selena, *1997*

serpientes que está obsesionado por encontrar una legendaria serpiente anaconda de 12 metros de largo. López y sus compañeros, impulsados por el terror, lo ayudan. La película fue destrozada por los críticos, que la consideraron como una mala imitación de *Tiburón* y "lo peor que haya ocurrido con una serpiente desde que uno de estos animales le dio una manzana a Eva". Sin embargo, a pesar de las críticas negativas, *Anaconda* fue un gran éxito y probó que López tenía sus admiradores entre el público.

Selena

A mediados de los 90 se empezó a planear la producción de una película sobre Selena Quintanilla Pérez, la cantante estadounidense de origen mexicano que ascendió rápidamente en el mundo de la música tejana, a pesar de que ese ambiente estaba dominado por los hombres, lo que hizo que se transformara en un modelo a imitar para miles de jóvenes latinas. A pesar de su juventud, Selena obtuvo dos discos de oro y uno de platino. Estaba grabando un disco en inglés que, según muchos creían, sería un gran éxito entre sus admiradores hispanos de siempre y también entre la población angloparlante, cuando fue asesinada en marzo de 1995 por Yolanda Saldívar, una antigua admiradora y fundadora de su club de fans. La muerte de Selena fue un terrible golpe para la comunidad hispana y para los amantes de la música en general y causó un gran dolor. (Para obtener más información sobre Selena, ver *Biography Today*, de enero de 1996).

En 1996 se realizó una selección en todo el país en busca de una actriz que pudiera representar a Selena de forma convincente. Más de 22.000 aspirantes hicieron pruebas para obtener el papel en varias ciudades de todos los Estados Unidos; pero el director y guionista Gregory Nava eligió a Jennifer López. Nava la había dirigido en *Mi Familia* y la consideraba como una de las actrices jóvenes más prometedoras de Hollywood. La prueba de López, que exigía que cantara y bailara por nueve minutos, además de leer varias páginas del guión, fue excepcional. Pero aún era necesaria la aprobación del padre de Selena, Abraham Quintanilla, Jr., que era el productor ejecutivo de la película. Afortunadamente, Quintanilla estuvo de acuerdo con que López era la que mejor podía rendir homenaje a la memoria de su hija. La invitó a que viviera con la familia por un tiempo para que pudiera mirar los álbumes de fotografías, escuchar historias sobre Selena y adquirir algunos de los gestos que hicieron de Selena una artista única.

La película *Selena* (1997) cuenta la vida de la cantante desde su infancia, cuando su padre, un músico frustrado interpretado por Edward James Olmos, la impulsa a iniciarse como artista, hasta su meteórica carrera en el mundo de la canción tejana y el gran dolor causado por su muerte. Aunque en la película no cantó realmente sino que hizo mímica acompañando la voz de Selena, López trabajó muy duro para imitar la forma en que Selena cantaba y bailaba, incluso la forma en que sostenía el micrófono. López tenía muchas cosas en común con Selena: aunque ambas alcanzaron la fama como latinas, ninguna de las dos aprendió bien el idioma español ni adoptó como suya la tradición hispana hasta los últimos años de su adolescencia.

Con *Selena,* López se transformó en la primera actriz hispana en recibir una paga de un millón de dólares por participar en una película, aunque las actrices angloamericanas habían estado ganando esas sumas por más de 30 años. López obtuvo una nominación al Globo de Oro como mejor actriz en la película, a pesar de algunas críticas que sostenían que ella no era mexicana y que había crecido en el Bronx y no en el sur de Texas. Sin embargo, aún más importante que la atención que recibió por la película en todo el país fue el hecho de que López se dio cuenta de que Selena era una mujer ejemplar: Selena se enorgullecía de su herencia latina y nunca quiso disfrazar su apariencia hispana para adaptarse a los patrones establecidos por el mundo del entretenimiento, dominado por las personas de raza blanca. Además, según afirma López "ella era muy buena con sus admiradores. Siempre los atendía con simpatía y se tomaba su tiempo para hablar con ellos. Se daba cuenta de que sus admiradores eran lo más importante para ella". De hecho, los admiradores de Selena eran tan entusiastas, que cuando López filmó una escena en que Selena da un concierto en el Houston Astrodome se presentaron más de 33.000 personas para trabajar como extras y lo hicieron gratis. Vitorearon y aplaudieron mientras López imitaba los movimientos de su ídolo con tanta habilidad que la polémica sobre su ascendencia puertorriqueña quedó olvidada.

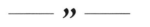

Sobre Un romance peligroso, *comenta el crítico de* Variety: *"George Clooney y Jennifer López generan una deliciosa química que hace que los espectadores se identifiquen con sus imperfectos personajes y su excéntrico romance".*

Selena fue la gran ganadora en los premios American Latino Media Music Awards de 1998 donde obtuvo el premio de Mejor Película del Año. López, Olmos y el director Nava también fueron premiados. La película no fue un gran éxito de taquilla; pero se la consideró como la prueba de que las películas sobre temas latinos podían tener éxito comercial.

La vida después de *Selena*

Selena todavía estaba en la etapa de producción cuando López fue elegida para actuar como coprotagonista en la película de Oliver Stone *Giro al infierno* (*U-Turn*, 1997) en la que Sean Penn representa el papel de Bobby, un apostador de poco prestigio que se dirige a Las Vegas para pagar una deuda. En el camino su automóvil sufre un accidente y Bobby queda varado en un pequeño pueblo de Arizona. Allí conoce a una mujer llamada Grace (López) y su marido Jake (Nick Nolte). Las cosas se complican para Bobby cuando Jake le pide que mate a Grace y, al mismo tiempo, Grace trata de contratar a Bobby para que asesine a Jake. Las críticas fueron desiguales y la película fue considerada como una película "para pocos" en lugar de estar dirigida a una audiencia más amplia.

La siguiente película de López fue *Un romance peligroso* (*Out of Sight*, 1998) con George Clooney, el popular actor protagonista de la serie de televisión "E.R. Emergencias". En la película, basada en una novela de Elmore Leonard, López representó el papel de Karen Sisco, una alguacil federal que se enamora de Foley (Clooney), un veterano ladrón de bancos. Cuando Foley se escapa de prisión y la toma de rehén ambos terminan encerrados en el baúl de un automóvil. Entre ellos se produce una atracción mutua; pero cuando las fuerzas de la ley empiezan a perseguir a Foley, Sisco debe elegir entre sus sentimientos por el ladrón y su carrera como agente de la ley. López obtuvo muchos elogios por su impactante trabajo en *Un romance peligroso*. "Con esta película López ha alcanzado la plena madurez como actriz", escribió el crítico de *Dallas Morning News*. "Ella produce una gran impresión como una mujer dura con un costado humano. Su química con Clooney eleva el romance por encima del lugar común de "los opuestos se atraen". De hecho, muchos críticos notaron esta fuerte química entre las dos estrellas, como el crítico de *Variety*: "George Clooney y Jennifer López generan una deliciosa química que hace que los espectadores se identifiquen con sus imperfectos personajes y su excéntrico romance".

A continuación, López participó en su primera película de dibujos animados, la película de dibujos animados generados por computadora *Hormiguitaz* (*Antz*, 1998). López fue la voz de Azteca, una hormiga obrera cuya colonia se ve amenazada por termitas y por una tiránica hormiga líder. Es una mezcla de historia de aventuras y fábula política, con algo de sátira y humor. El salvador de la colonia, aunque parezca extraño, habla con la voz de Woody Allen, un guionista, director y actor que no es precisamente conocido por su fortaleza física.

López como cantante

Después de trabajar en *Hormiguitaz*, López decide dejar de trabajar en las películas durante un año para dedicarse a su primer disco como cantante. Ya había probado ser buena actriz y bailarina, ahora había llegado el momento de dedicarse a cumplir su sueño original de ser cantante. El resultado fue *On the 6*, llamado así por la línea número 6 del metro, en la que López viajaba para ir desde su casa en el Bronx hasta Manhattan para presentarse en las audiciones. El disco, que apareció en 1999, fue una mezcla de ritmos latinos, ritmo y blues, hip-hop y música pop, e incluyó tres canciones de las que fue cantautora. Aunque las críticas fueron poco entusiastas, a las dos semanas el CD obtuvo el disco de platino lo que transformó a López en uno de los ejemplos más importantes de la creciente influencia latina en la música pop. La canción "If You Had My Love" se transformó en el simple número uno en el país, encabezando tanto la lista de música pop como la de ritmo y blues y por el video López obtuvo cuatro nominaciones en los MTV Video Music Awards. De hecho, los videos musicales del CD, en los que López aparece con ropa sexy y provocativa, indudablemente contribuyeron a su popularidad. Con el tiempo, se vendieron ocho millones de copias en todo el mundo, algo fantástico para un primer disco. En este momento, López ya se había establecido claramente como actriz, cantante, bailarina, mujer fatal y ejemplo de estilo y seducción.

Durante el 2001 se produjo el lanzamiento de *Mirada de ángel* (*Angel Eyes*), una película sobre una mujer policía que tiene un ángel guardián. Sharon Pogue (López), una agente del lado sur de Chicago, es una mujer aparentemente recia pero emocionalmente vulnerable que todavía sufre las consecuencias de un hecho ocurrido 10 años antes cuando decide denunciar a su padre ante la policía y hace que lo arresten por golpear a su madre. Sharon conoce a un personaje llamado Catch (Jim Caviezel) en un accidente automovilístico. Después de que ella lo salva de la muerte, el hombre comienza a aparecérsele misteriosamente siempre que su vida está en peligro. Aunque nunca queda del todo claro si Catch es un fantasma, se inicia un romance entre ellos. Según Richard Schickel en la revista *Time*, "la película funciona gracias a la espléndida actuación de López. Es un personaje recio pero vulnerable, solitario pero que no lo reconoce, indulgente en algunas de sus relaciones e implacable en otras. Su actuación es intensa y compleja".

—— *"* ——

"Existe cierto patrón en la elección de sus papeles", afirma Johanna Schneller en la revista **Premiere**. *"Todos sus primeros personajes comparten un cierto anhelo: son mujeres luchadoras, arriesgadas". López agrega que son "sobrevivientes, porque eso era justamente lo que yo intentaba hacer, sobrevivir en Hollywood, evitar que me barrieran como el polvo debajo de una alfombra".*

—— *"* ——

J. Lo y La experta en bodas

López continuó su carrera como cantante y actriz trabajando simultáneamente en un nuevo disco y una nueva película. Su segundo disco, llamado *J. Lo* por su sobrenombre, fue lanzado en enero del 2001. *J. Lo*, al igual que *On the 6*, es una mezcla de baladas sensuales y tonadas bailables pegadizas. López es coautora de siete de las 15 canciones y fue coproductora ejecutiva del disco. El primer simple, "Love Don't Cost a Thing", se colocó en el puesto n.° 4 de la lista Billboard Hot 100 a sólo un mes de su lanzamiento y el disco fue el primero en alcanzar el puesto n.° 1 de la lista Billboard 200 de

ese año. Mientras que el tono de su primer CD había sido ligero, este otro CD es más personal y romántico. "Todas las canciones hablan del amor y de las relaciones entre las personas", dice Jennifer. "Actúo desde el corazón, así es como soy yo". El álbum también incluye dos canciones en español, en una de las cuales Jennifer canta a dúo con el cantante puertorriqueño Chayanne.

Enero del 2001 fue un mes muy atareado para López con la presentación de su nueva película *La experta en bodas* (*The Wedding Planner,* 2001) unos pocos días después del lanzamiento de *J. Lo.* Por esa película, Jennifer recibió más de 8 millones de dólares, lo que la convirtió en la actriz latina mejor pagada de la historia. En esta comedia dulce y romántica su personaje es el de Mary Fiore, una organizadora de bodas adicta al trabajo que pasa su tiempo planificando bodas perfectas para clientes adinerados pero

que ha dejado de lado su propia vida sentimental. Fiore está cruzando la calle cuando casi es atropellada por un camión que baja a toda velocidad por una colina. Cuando un doctor bien parecido (Matthew McConaughey) la salva del camión descontrolado ella se enamora de él, hasta que se entera de que está comprometido con la mujer cuya boda está preparando. *La experta en bodas* es la película más exitosa de López hasta el momento, y su representación de una mujer ítaloamericana le permitió demostrar su versatilidad y su aptitud para representar el papel de un personaje que no fuera latino.

Un mes después de la presentación del nuevo CD y la nueva película Jennifer López se transformó en la tercera mujer de la historia en encabezar las listas de popularidad tanto de música como de cine durante la misma semana: *J. Lo* fue el CD más vendido y *La experta en bodas* se transformó en la película más taquillera.

Proyectos más recientes

En el 2002, López filmó la película de suspenso *Enough* en la que su personaje hace de camarera de clase obrera que, después de casarse con un rico contratista, descubre que su marido tiene un carácter violento. Durante más de tres meses, Jennifer se dedicó a aprender Krav Maga, una forma violenta de arte marcial utilizada por las fuerzas armadas israelíes. En esta película, al igual que en varias de las otras películas en las que ha trabajado, López insistió en participar en las escenas más difíciles y arriesgadas en lugar de utilizar una "doble".

Más recientemente, López ha filmado la película romántica *Maid in Manhattan* (2002). En esta película sobre identidad errónea, ella hace el papel de Marisa Ventura, una madre soltera del Bronx que trabaja como criada en un elegante hotel de Park Avenue en Manhattan. Un día, durante la jornada de trabajo, su amiga y compañera de trabajo la persuade para que se pruebe un vestido que pertenece a una huésped del hotel. Es entonces cuando conoce al huésped, Christoper Marshall, interpretado por Ralph

Fiennes. Marshall es un político rico y ambicioso con fama de mujeriego. Sin embargo, se enamora de Marisa sin darse cuenta de su verdadera identidad. La cuestión es, en este cuento de Cenicienta, si el príncipe se enamorará de ella cuando sepa que ella es una humilde criada de hotel. López también ha estado trabajando en dos producciones nuevas, *Gigli* y *Working Girl*, dos películas que se estrenaran en el 2003. En ambas películas, ella será la co-protagonista con su prometido actual, el actor Ben Affleck.

──── **"** ────

Aunque la filmación de películas la ha mantenido ocupada recientemente, López encontró tiempo para lanzar al mercado una grabación nueva en el 2002. *This Is Me . . . Then* incluye el éxito de las canciones "Jenny on the Block" (con Styles y Jadakiss) y "All I have" (con LL Cool J). Repleta con canciones hip-hop y baladas románticas, el CD refleja su nuevo romance y el retorno a sus raíces. *This Is Me . . . Then* tiene garantizado el complacer a sus muchos admiradores: de hecho, López ha vendido más de 25 millones de álbumes por todo el mundo y ella es la única artista femenina que ha conseguido el primer puesto en la cartelera discográfica y cinematógrafa al mismo tiempo.

"Siempre veo mi carrera como una sola cosa. Tan sólo soy una artista que se expresa de formas diferentes y esas formas son la canción, la danza, la actuación, el diseño, y todo aquello que me encanta hacer. Hay facetas diferentes; pero yo no las considero como algo aparte", comenta López. "No me limito tan sólo a hacer películas o a cantar porque no me sentiría satisfecha si lo hiciera".

──── **"** ────

Además de seguir trabajando en películas y música, López desea tener su propia línea de productos cosméticos e involucrarse más en el diseño de modas. Recientemente, se asoció con Andy Hilfiger, hermano de Tommy Hilfiger, para crear Sweetface Fashions, una empresa con base en Nueva York que produce la línea de ropa "J. Lo por Jennifer López". Con el tiempo, la línea incluirá jeans, suéteres, trajes de baño, zapatos, anteojos y accesorios. "Siempre veo mi carrera como una sola cosa. Tan sólo soy una artista que se expresa de formas diferentes y esas son la canción, la danza, la actuación, el diseño, y todo aquello que me encanta hacer. Hay facetas diferentes; pero yo no las considero como algo aparte", comenta López. "No me limito tan sólo a hacer películas o a cantar porque no me sentiría satisfecha si lo hiciera".

Maid in Manhattan, *2002*

En la actualidad, la NBC está preparando una comedia de TV de media hora basada en la familia López y el vecindario en el que Jennifer creció. También ha firmado un contrato con la NBC para una serie de recitales especiales y recientemente ha viajado a Puerto Rico para actuar en dos conciertos "para mi pueblo" que fueron filmados para ser emitidos en los EE.UU.

Aunque es difícil imaginar que López tiene tiempo libre, ella insiste en que desea encontrar la manera de devolverle a la comunidad todo el apoyo que le ha brindado. Desea crear una organización sin fines de lucro que se ocupe de los niños y la educación, aunque todavía no sabe de qué forma lo hará.

¿Diva o trabajadora exigente?

A menudo, López ha sido calificada como una "diva" por la prensa debido al comportamiento exigente que tiene cuando trabaja. Su reputación también se ha visto afectada a causa de algunos comentarios sarcásticos hechos en un reportaje cuando se le preguntó por sus colegas, los actores Jack Nicholson, Gwyneth Paltrow, Winona Ryder y Cameron Díaz. Pero algunas personas afirman que su empuje y su ambición a menudo han sido malinterpretados como arrogancia y egocentrismo. Dicen que es común que en Hollywood las mujeres con carácter sean criticadas por su fortaleza. "El hecho es que prácticamente todas las actrices que alcanzan una posición de poder en Hollywood reciben la misma crítica", afirma Merle Ginsberg in *W*, "siempre se dice que son narcisistas, arrogantes, obstinadas. Y no es difícil darse cuenta de cómo la ambición sincera de López puede confundirse con egoísmo". A pesar de estas críticas, todos están de acuerdo en que posee un instinto singular para combinar la música, la actuación, el baile y la moda de una forma que es igualmente atractiva para hombres y mujeres, adultos y adolescentes.

"Si pudiera describirme en pocas palabras", dijo López una vez, "una de ellas sería *fuerte*. Sé lo que quiero y estoy dispuesta a luchar para lograrlo".

MATRIMONIO Y FAMILIA

En febrero de 1997, López se casó con Ojani Noa, un camarero cubano del restaurante de Gloria Estefan en Miami, a quien conoció mientras filmaba *Sangre y vino*. El matrimonio duró menos de un año.

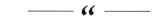

"Si pudiera describirme en pocas palabras", dijo López una vez, "una de ellas sería fuerte. Sé lo que quiero y estoy dispuesta a luchar para lograrlo".

Después, López tuvo un romance con el rapero y magnate discográfico Sean "Puffy" Combs. (Para más información acerca de Combs, ver *Biography Today*, de abril de 1998). Muy pronto se convirtieron en una pareja famosa, con mucha atención de la prensa. La publicidad que rodeó al romance alcanzó su punto más alto en diciembre de 1999, cuando se vieron involucrados en un incidente en un club nocturno de Manhattan en el que tres personas recibieron heridas de bala. Combs y López, junto con un guardaespaldas y un conductor, escaparon del lugar en su automóvil, cruzando once semáforos en rojo mientras la policía los perseguía. La policía encontró un arma robada, y se supo que Combs había intentado sobornar al conductor para que declarara que el arma era suya. Combs y López fueron arrestados, conducidos a la estación de policía y debieron pasar la noche detenidos. Finalmente, se levantaron todos los cargos contra López y un protegido de Combs, Jamal "Shyne" Barrow, fue acusado de intento de asesinato por disparar contra algunas personas que le habían faltado el respeto a Combs en el club nocturno. Combs debió presentarse ante el tribunal, aunque finalmente se levantaron los cargos por posesión de armas y soborno. Pero el incidente y la publicidad negativa ya habían dañado su relación con López. La pareja anunció su separación en el día de San Valentín del 2001.

Poco después, López empezó a salir con Cristian (Cris) Judd, un bailarín con quien había trabajado en el video de "Love Don´t Cost a Thing". López y Judd se casaron el 29 de septiembre del 2001. La pareja se fue de luna de miel a Milán y volvió a Los Ángeles. Se separaron en el verano del 2002 con planes de divorcio.

PRINCIPALES INFLUENCIAS

López siempre ha admirado a las mujeres que pueden hacerlo todo: cantar, bailar y actuar. En especial, admira a Cher, Bette Midler, Diana Ross y Barbra Streisand. "Quiero lograr todo", admite. "Quiero tener una familia. Quiero que mi trabajo sea el mejor. Quiero ser amada".

PELÍCULAS FAVORITAS

La película favorita de López es aún *West Side Story*. Aunque cuando era joven quería ser Anita (representada por Rita Moreno), también deseaba ser María, el personaje de Natalie Wood. "Creo que esa es la actriz que hay en mí", confiesa, "que desea ser el centro de atención y la estrella del espectáculo". Le encantaría que algún día se hiciera una nueva versión de esa película y que la invinten a ser la estrella.

PASATIEMPOS Y OTROS INTERESES

Aunque muchas personas creen que tiene una vida glamorosa, López no dedica mucho tiempo yendo a clubs nocturnos o fiestas. "Realmente no me gusta la vida nocturna", dice. "Por ejemplo, no bebo". Prefiere pasar su tiempo libre dedicada a actividades más tranquilas como, por ejemplo, ir al centro comercial o quedarse en su casa y ver videos.

CRÉDITOS

Series de televisión

"In Living Color", 1990-93
"Second Chances", 1993
"South Central", 1994
"Hotel Malibú", 1994

Películas para televisión

Nurses on the Line: The Crash of Flight 7, 1993

Películas

My Little Girl, 1986
Mi Familia, 1995
Asalto al tren del dinero (Money Train), 1995
Jack, 1996
Sangre y vino (Blood and Wine), 1996
Anaconda, 1997
Selena, 1997
Giro al infierno (U-Turn), 1997
Un romance peligroso (Out of Sight), 1998
Hormiguitaz (Antz), 1998
Thieves, 1999
La celda (The Cell), 2000
Mirada de ángel (Angel Eyes), 2001
Pluto Nash, 2001
La experta en bodas (The Wedding Planner), 2001
Enough, 2002
Maid in Manhattan, 2002

Discos

On the 6, 1999
J. Lo, 2001
J to tha L-O! The Remixes, 2002
This Is Me . . . Then, 2002

PREMIOS Y DISTINCIONES

American Latino Media Arts Awards (premio a las artes comunicativas latinoamericanas): 1998 (dos premios), Premio a la Imagen más Duradera y Premio a la Mejor Actriz, ambos por *Selena;* 2000, Artista Femenina del Año
Lone Star Film & Television Awards (premio Lone Star de cine y televisión): 1998, Premio a la Mejor Actriz por *Selena*
Billboard Latin Music Awards (premio Billboard de música latina): 2000, Mejor Canción Latina del Año, Dúo Vocal por "No me ames"

MÁS INFORMACIÓN

En español

Entérese, diciembre del 2001, pág. 24
Época, 15 de abril del 2001, pág. 82; 1 de octubre del 2000, pág. 70

Hola, 30 de agosto del 2000, pág. 3
Latina, junio del 2002, pág. 68; junio del 2001, pág. 81; marzo de 1999,
    pág. 69
El Mensajero, 26 de enero del 2001, pág. 10
People en Español, septiembre del 2002, pág. 38; abril del 2001, pág. 60;
    junio del 2000, pág. 53
Semana, 16 de noviembre del 2001, pág. 42
Temas, marzo del 2000, pág. 52
Van, julio-agosto de 1998, pág. 30

En inglés

In Style, 1 enero del 2003, pág. 154
New York Times, 22 de octubre del 2000, pág. 1; 9 de diciembre del 2002,
    pág. C1
People, 13 de septiembre de 1997, pág. 71; 1 de enero del 2000, pág. 84; 5
    de marzo del 2001, pág. 125
Rolling Stone, 15 de febrero del 2001, pág. 46
Seventeen, enero del 2001, pág. 70
USA Today, 23 de enero del 2001, pág. D1; 22 de junio del 2001, pág. E3

DIRECCIÓN

Jennifer Lopez
Epic Records
550 Madison Avenue
New York, NY 10022-3211

Jennifer Lopez
Endeavor Agency
9701 Wilshire Boulevard
10th Floor
Beverly Hills, CA 90212

SITIOS WEB

http://www.jenniferlopez.com
http://us.imdb.com

Frankie Muñiz 1985-

Actor estadounidense
Estrella de la exitosa serie de televisión "Malcolm in the Middle"

NACIMIENTO

Frankie Muñiz, cuyo verdadero nombre es Francisco James Muñiz IV, nació el 5 de diciembre de 1985 en Ridgewood, Nueva Jersey. Su madre, Denise, que tiene ascendencia irlandesa e italiana, es una enfermera que dejó de trabajar para educar a su hijo en casa y acompañarlo mientras trabaja. Su padre, Frank, que es puertorriqueño, administra un restaurante en Carolina del Norte. Los padres de Frankie están divorciados. Tiene una hermana llamada Christina, que es un año mayor que él.

JUVENTUD

Cuando Frankie tenía tres años, su padre, que en ese momento trabajaba para IBM, fue transferido de Nueva Jersey a Knightdale, Carolina del Norte. Fue allí donde su hermana Christina se empezó a interesar por la actuación. Frankie la vio actuar en una producción de *Joseph and the Amazing Technicolor Dreamcoat* en un campamento de verano y decidió que la actuación era algo que quería intentar.

Cuando Christina se presentó a las audiciones para una producción local de *A Christmas Carol*, Frankie le preguntó a su madre si también podía presentarse. Frankie obtuvo el papel de Tiny Tim cuando sólo tenía ocho años, y durante una de sus actuaciones, un representante lo descubrió. Muy pronto empezó a aparecer en avisos publicitarios de televisión, películas y comedias familiares.

Frankie vivió en Knightdale hasta los 11 años. Entonces, sus padres se separaron y su madre se mudó con los niños a Nueva Jersey para que Frankie pudiera estar más cerca de Nueva York y estar disponible para poder aceptar más papeles en películas y televisión.

EDUCACIÓN

Frankie asistió a la Bugg Elementary School, una escuela especializada en las artes de Carolina del Norte. Como estudiante obtenía las mejores calificaciones y estaba mucho más avanzado que la mayoría de sus compañeros en algunas áreas, en especial matemáticas. Como era de pequeña estatura, sus compañeros siempre lo molestaban. Pero, según su madre, "siempre se defendía solo. Siempre conseguía que se callaran con alguna salida inteligente que los dejaba malparados".

Para cuando llegó a sexto grado, Frankie estaba trabajando tanto que faltaba a la escuela con más frecuencia que lo que iba a clase. Su madre decidió que la solución era hacerse cargo ella misma de la educación de su hijo. Desde entonces, ella es la que se encarga de darle clases en su casa, aunque también tiene un tutor que trabaja con él durante tres horas diarias mientras está trabajando en el foro de "Malcolm in the Middle". Algún día, Frankie tiene pensado asistir a la universidad y estudiar geografía.

Muñiz con los actores del reparto de "Malcolm in the Middle"

MOMENTOS DESTACABLES DE SU CARRERA

Muñiz obtuvo su primer papel importante en 1997. Ese año, participó en *To Dance with Olivia*, un drama televisivo en el que encarnó el papel de Oscar Henley, el hijo de un miembro del Congreso que es baleado por accidente en la propiedad de un granjero de raza negra durante la década de 1960. El renombrado actor Lou Gossett, que también fue el productor del drama, interpretó a un abogado de un pequeño pueblo de Missouri que defiende al granjero cuando se lo acusa de haber realizado los disparos.

Ese mismo año, Muñiz encarnó el papel de Sammy, un niño de 10 años, en la película para televisión *What the Deaf Man Heard*, del Hallmark Hall of Fame. La madre de Sammy desaparece, dejándolo solo en un autobús que se dirige a Barrington, Georgia. Como lo último que le había dicho a Sammy antes de desaparecer era que no hablara con nadie hasta que ella regresara, él rehúsa hablar, incluso después de ser engañado por el gerente de la estación de autobuses y por el cocinero de la cafetería de la estación. Mientras Sammy crece todos lo tratan como si fuera sordomudo y, como resultado, se entera de muchos secretos acerca de la gente del pueblo.

————— **"** —————

"Nos dimos cuenta de inmediato de que Frankie era el niño que buscábamos", recuerda uno de los productores. "Era encantador y simpático y se veía tan inteligente, consciente y sincero".

————— **"** —————

Entre otros trabajos para la televisión, Muñiz apareció como invitado en programas populares como "Spin City", "Sabrina, The Teenage Witch" y "Silk Stalkings". También realizó una serie de apariciones en teatro. En noviembre de 1997 representó el papel del ex-Presidente de los EE.UU., Franklin Delano Roosevelt, en *House Arrest*, una obra de Anna Deavere Smith en la que personas famosas son representadas por actores que son deliberadamente diferentes de ellas en cuanto a edad, raza o sexo. También recibió críticas entusiastas por su representación de un niño de 12 años que ama los libros y la lectura en la producción de la Hartford Stage Company de *The Death of Papa*, la última de una serie de nueve obras de Horton Foote, *The Orphans' Home Cycle*.

"Malcolm in the Middle"

Para 1999, cuando los ejecutivos de la cadena Fox de televisión estaban buscando un joven actor para representar el papel de Malcolm, un niño de 11 años, en su nueva comedia, "Malcolm in the Middle", Frankie Muñiz ya había participado en 60 avisos comerciales para televisión y había trabajado en obras de teatro, programas de televisión y películas durante cinco años. Los productores habían planeado realizar una búsqueda por todo el país para encontrar al actor infantil perfecto. Pero cuando vieron a Frankie en una grabación durante el segundo día del casting, supieron que habían encontrado a la estrella que necesitaban. "Nos dimos cuenta de inmediato

de que Frankie era el niño que buscábamos", recuerda uno de los productores. "Era encantador y simpático y se veía tan inteligente, consciente y sincero".

"Malcolm in the Middle" es una comedia acerca de un niño prodigio y su familia de clase media poco convencional aunque afectuosa. Malcolm tiene un hermano menor, Dewey, al que le encanta atormentar y un hermano mayor, Reese, que está constantemente atormentándolo a él. El hermano mayor, Francis, es el favorito de Malcolm. Aunque Francis ha sido enviado a estudiar a una escuela militar por razones de disciplina, sus hermanos a menudo lo llaman para pedirle consejos. El padre y la madre de Malcolm, Lois y Hal (encarnados por Jane Kaczmarek y Bryan Cranston) no son los padres típicos de las comedias familiares de televisión (en el programa piloto, Lois aparece lavando la ropa desnuda de la cintura para arriba y rasurándole el vello de la espalda a su esposo), pero es obvio que aman a sus hijos y que están muy enamorados.

La vida de Malcolm cambia totalmente cuando descubren que posee un coeficiente intelectual de 165 y lo colocan en una clase especial para niños superdotados. Aunque su anhelo siempre había sido ser aceptado por los niños "normales", termina en un aula llena de tragalibros y tipos raros, y su nuevo mejor amigo es un niño afroamericano asmático que está en silla de ruedas. El show está inspirado en la niñez transcurrida en San Mateo,

California, del productor Linwood Boomer, que cuando era niño fue rotulado como "genio" y cuya madre a menudo andaba por la casa desnuda. A Malcolm su nueva situación sólo le inspira desdén, y está más interesado en andar en patineta y pelearse con sus hermanos que en exhibir su poder mental.

Una de las cosas que distingue a "Malcolm in the Middle" de otras comedias familiares es que está filmada como una película y no como un programa de televisión. La mayoría de los programas tradicionalmente se filman en un escenario con tres o cuatro cámaras distintas ubicadas delante del público, cuya risa a menudo se ve aumentada por risas grabadas. "Malcolm", en cambio, se filma en interiores y exteriores, con una sola cámara y sin público ni risas grabadas, lo que le da al programa un aspecto mucho más realista.

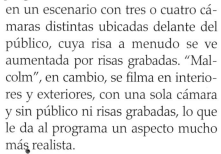

"Malcolm in the Middle" transmite un sentido genuino de vida familiar poco convencional pero afectuosa. Como señala Jane Kaczmarek, la familia de Malcolm no es realmente disfuncional. "Siempre cenan juntos. Los niños no hacen lo que ellos quieren sin que se les impongan límites. Son una familia muy pintoresca, pero cariñosa".

En un momento en que muchos críticos afirman que las comedias familiares están en camino de desaparecer, "Malcolm" ha obtenido mejores críticas que ninguna otra comedia para televisión. Se la ha alabado por sus diálogos, descritos como "agudos y siempre graciosos" y por su humor, que agrada tanto a los adultos como a los niños. Los hombres, en particular, parecen sentirse identificados con la forma en que la serie muestra cómo los niños se fastidian entre sí cuando los adultos no los ven. Pero, por encima de todo, transmite un sentido genuino de vida familiar poco convencional pero afectuosa. Como señala Jane Kaczmarek, la familia de Malcolm no es realmente disfuncional. "Siempre cenan juntos. Los niños no hacen lo que ellos quieren sin que se les impongan límites. Son una familia muy pintoresca, pero cariñosa".

Todavía no se sabe cómo evolucionará el papel de Muñiz en la serie, en especial porque recientemente ha crecido diecisiete centímetros y su voz está comenzando a cambiar. Pero, por ahora, "Malcolm" es la serie televisiva con mayor audiencia de toda la historia de la cadena Fox.

Mi perro Skip

Muñiz obtuvo su primer papel como actor principal en la película *Mi perro Skip (My Dog Skip)*, estrenada en marzo del 2000. De hecho, mientras se filmaba la película durante el verano de 1998, nadie sabía que Muñiz se convertiría en estrella de televisión. Fue seleccionado entre más de 1000 niños para filmar la película, basada en el best-seller autobiográfico del periodista Willie Morris, que cuenta su infancia en Mississippi en la década de 1940. Jay Russell, el director de la película, conoció a Morris cuando lo entrevistó para un documental de la cadena PBS. Una semana después de haber visto el corte final de la película, Morris falleció de un ataque cardíaco.

Muñiz representa el papel de Willie Morris como un niño de ocho años tímido y torpe, al que los fanfarrones del vecindario molestan constantemente. Para levantarle el ánimo, el día en que cumple nueve años su madre le regala un cachorro de terrier llamado Skip, y la vida de Willie sufre una transformación. Skip hace que Willie pierda su timidez y le enseña lo que es la responsabilidad. También ayuda a Willie a que se haga amigo de una chica. Para cuando la película llega a su fin, Willie ha crecido y está listo para abandonar su hogar, y Skip está viejo y artrítico.

El papel de Skip está a cargo de un perro entrenado llamado Enzo, que es descendiente de un terrier Jack Russell llamado Moose, que aparece como "Eddie" en la serie de televisión "Frasier". Enzo demuestra una gran cantidad de destrezas extraordinarias durante la película, entre ellas jugar al

85

béisbol y conducir un automóvil. Los críticos alabaron a Muñiz no sólo por su capacidad para "transmitir una amplia variedad de sentimientos con una facilidad natural poco común" sino también por su capacidad para no perder terreno en las escenas que comparte con este terrier tan talentoso. No es sorprendente que durante la filmación, Muñiz y Enzo se transformaran rápidamente en buenos amigos.

—————— " ——————

Miracle in Lane Two
le permitió a Muñiz
descubrir lo que se siente
al tener que estar
permanentemente en una
silla de ruedas.
"Todo el mundo te trata
como si fueras diferente",
dice. "Miran hacia otro
lado y te vuelven a mirar,
o se apartan para
dejarte pasar".

—————— " ——————

Papeles cinematográficos recientes

Recientemente, Muñiz encarnó el papel principal en *Miracle in Lane Two* (2000), una película para televisión de Disney basada en la historia real de Justin Yoder, que está confinado a una silla de ruedas debido a un defecto congénito, la espina bífida. Mientras observa a su hermano mayor Seth, que se destaca en los deportes, Justin se pregunta si alguna vez podrá igualar los logros de Seth. Entonces se entera de la existencia de la carrera Soap Box Derby (un programa de carreras infantiles con pequeños automóviles que son construidos por los mismos niños) y se convierte en el primer niño discapacitado en ganar el National Soap Box Derby en Akron, Ohio.

Miracle in Lane Two le permitió a Muñiz representar un papel muy distinto al de "Malcolm" y descubrir lo que se siente al tener que estar permanentemente en una silla de ruedas. "Todo el mundo te trata como si fueras diferente", dice. "Miran hacia otro lado y te vuelven a mirar, o se apartan para dejarte pasar". Cuando el verdadero Justin y su familia visitaron el foro de filmación, Muñiz pudo conocer al niño cuyo papel estaba representando. "Era realmente estupendo. Yo pensaba que sería distinto, pero se veía tan normal", recuerda Muñiz. "Siempre estaba haciendo bromas. Se reía todo el tiempo".

Recientemente, Muñiz apareció en una película filmada en el 2002, *Deuces Wild*, acerca de las pandillas de Brooklyn, que está ambientada en las décadas de 1950 y 1960 y protagonizada por Matt Dillon, Deborah Harry y Brad Renfro. *Deuces*, cuyo productor es el legendario director Martin Scorsese, cuenta la historia de un grupo de jóvenes que viven en Brooklyn

durante el año en que los Dodgers se trasladan a Los Ángeles. Además de perder a su amado equipo de béisbol, los jóvenes deben enfrentarse a un nuevo mundo plagado de drogas y armas. La película no fue bien recibida por los críticos.

Además, en el 2002 Muñiz participó en la película *Big Fat Liar*. En esta película representa el papel de Jason Shepard, un bribón que cursa el octavo grado y que miente permanentemente. Jason tiene problemas en la escuela y, como castigo, debe escribir un ensayo. Camino a la escuela, se encuentra por accidente con un productor de películas de Hollywood y se olvida el ensayo que escribió como tarea en la limusina del productor. Cuando más tarde Jason va a ver el preestreno de una película, se da cuenta de que han copiado la idea de su ensayo para hacer la película, y que el productor le robó su idea. Pero, por supuesto, nadie le cree porque es un mentiroso. De modo que parte hacia California con su novia Kaylee, representada por Amanda Bynes (en *Biography Today* del 2003 aparecerá un artículo sobre Bynes). Juntos se enfrentan al productor, que los ignora. De modo que traman una serie de tretas estrafalarias para vengarse del productor. Esta película amena y divertida se convirtió en un éxito de taquilla.

Muñiz ha participado en varios otros proyectos recientes. Fue copresentador de la Kids' Choice Award de Nickelodeon y fue la estrella de *Little Man*, un cortometraje que pone de relieve el problema de los jóvenes atletas que son sometidos a abusos sexuales por sus entrenadores. Recientemente, Disney le pidió que fuera la voz de personaje Meatball Finklestein en un programa infantil animado que aún está en etapa de desarrollo. De hecho, Muñiz tiene tantas ofertas de trabajo que a menudo se pregunta por qué el éxito le ha resultado tan sencillo. Según explica un director de casting, una de las razones podría ser que, dado que su padre es puertorriqueño y su madre, mitad irlandesa, mitad italiana, Muñiz "se parece un poco a todo el mundo".

Planes para el futuro

En el futuro, Muñiz tiene planeado aparecer en una aventura sobre espías adolescentes, *Agent Cody Banks*, programada para estrenarse en el 2003. En esta película también aparece Hilary Duff, del exitoso programa televisivo "Lizzie McGuire". (Para más información sobre Duff, vea *Biography Today* de septiembre del 2002). Muñiz también tiene pensado continuar desempeñando su papel en "Malcolm", pero como es unos años mayor que el personaje que representa, los críticos se preguntan durante cuánto tiempo más podrá representar este papel de forma creíble antes de volverse demasiado mayor como para hacerlo, especialmente al haber crecido diecisiete centímetros durante el año pasado. Además de "Malcolm", Muñiz tiene pensado continuar desempeñando otros papeles. Pero si su carrera como actor se termina, ya tiene algunos planes alternativos: ha dicho que también le gustaría ser geógrafo, propietario de los Clippers de Los Ángeles o golfista profesional del PGA Tour.

HOGAR Y FAMILIA

El año pasado, Frankie Muñiz se mudó a Los Ángeles junto con su madre. Intentó vivir en un complejo residencial para actores mientras filmaba "Malcolm", pero decidió que deseaba sentir que vivía en una casa verdadera en lugar de en un hotel. Su madre, que abandonó su trabajo para ocuparse de él mientras trabaja, dice: "Deseo que Frankie siga siendo un buen niño. Me encanta que la gente diga que es talentoso, pero me gusta más cuando dicen que es una buena persona".

Muñiz también tiene una buena relación con su hermana, Christina, aunque admite que se pelean a menudo. "Es realmente muy graciosa porque dice que soy feo y estúpido y que en realidad no le importo, pero cuando la escucho hablar por teléfono, siempre está hablando de mí con sus amigas. Realmente me cuida, sólo que no lo admite delante de mí.

PASATIEMPOS Y OTROS INTERESES

Muñiz siempre ha disfrutado tocando la batería y andando en patineta, aunque ya no hace pruebas difíciles con su patineta porque no desea lastimarse. Practica golf desde que su abuelo le enseñó a jugar a los 5 años, y actualmente tiene 13 de handicap.

"Tener mi propia casa es una prioridad importante para mí. Ya he estado mirando propiedades. Uno de los principales requisitos es que tenga una cancha de básquetbol cubierta. Al mismo tiempo, le compraré una casa nueva a mi madre. En este momento, ella es la persona más importante de mi vida. Sin sus sacrificios y dedicación, no hubiera logrado ser lo que soy".

No conoce a muchos chicos de su edad que se interesen por el golf, de modo que generalmente acaba jugando con las personas que se encargan del vestuario y con los camarógrafos del foro donde filman "Malcolm".

"Sigo siendo una persona normal y hago las mismas cosas que cualquier adolescente normal", dice Muñiz. Sin embargo, la diferencia es que tiene acceso a cosas a las que un adolescente normal no tiene. Recientemente obtuvo su licencia de conducir y se compró su primer automóvil, que es el Volkswagen Jetta blanco modificado para carreras que se fabricó a medida para la película *Rápido y furioso (The Fast and the Furious)*. Muñiz pagó alrededor de $100.000 dólares por ese automóvil, que viene con un motor para automóvil de carrera, un sistema de navegación de alta tecnología, una PlayStation 2, un reproductor de DVD y un VCR. Muñiz también ha dicho que, cuando cumpla 18 años, piensa comprar una casa. "Tener mi propia casa es una prioridad importante para mí. Ya he estado mirando propiedades. Uno de los principales requisitos es que tenga una cancha de básquetbol cubierta. Al mismo tiempo, le compraré una casa nueva a mi madre. En este momento, ella es la persona más importante de mi vida. Sin sus sacrificios y dedicación, no hubiera logrado ser lo que soy".

CRÉDITOS

To Dance with Olivia, 1997 (película para televisión)
What the Deaf Man Heard, 1997 (película para televisión)
"Malcolm in the Middle", 2000 (serie televisiva)
Mi perro Skip (My Dog Skip), 2000 (película)
Miracle in Lane Two, 2000 (película para televisión)
Deuces Wild, 2002 (película)
Big Fat Liar, 2002 (película)

MÁS INFORMACIÓN

En inglés

Entertainment Weekly, 14 de enero del 2000, pág. 38; 18 de febrero del 2000, pág. 10; 29 de septiembre del 2000, pág. 36; 1 de diciembre del 2000, pág. 54
Newsweek, 21 de febrero del 2000, pág. 54
Time, 17 de enero del 2000, pág. 89
TV Guide, 5 de febrero del 2000, pág. 44; 18 de marzo del 2000, págs. 12, 18
USA Today, 21 de abril del 2000, pág. E9

DIRECCIÓN

"Malcolm in the Middle"
Fox TV
10201 W. Pico Boulevard
Los Angeles, CA 90035

SITIO WEB

http://www.fox.com

Ellen Ochoa 1958-

Astronauta, ingeniera e inventora estadounidense
Primera mujer hispanoamericana en el espacio

NACIMIENTO

Ellen Ochoa nació el 10 de mayo de 1958 en Los Ángeles, California. Su familia se mudó a La Mesa, un suburbio de San Diego, cuando Ellen tenía un año. Su padre, Joseph Ochoa, de origen mexicano, era gerente en una tienda minorista. Abandonó a su familia cuando Ellen estaba en los primeros años de la escuela secundaria. A partir de ese momento, su madre, Roseanne (Deardorff) Ochoa, crió a Ellen y a sus cuatro hermanos sola. Roseanne Ochoa fue ama de casa mientras los niños fueron pequeños y más adelante empezó a trabajar como periodista. Ellen tiene una hermana mayor, Beth, un hermano mayor, Monte, y dos hermanos menores, Tyler y Wilson.

JUVENTUD

Ochoa era una niña muy seria, cuyos pasatiempos favoritos eran la lectura y la música. Todos en su familia tocaban algún instrumento y en su momento ella eligió la flauta. "Todos formábamos parte de la banda, de la orquesta o del coro de la escuela", recuerda. Otra de las cosas que compartían los miembros de su familia era un profundo respeto por el valor de la educación. En este sentido su madre fue un ejemplo, pues durante más de 20 años se empeñó en seguir una carrera universitaria, ocupándose al mismo tiempo de su familia. Roseanne Ochoa terminó sus estudios, obteniendo los títulos de periodismo, administración de empresas y biología, al mismo tiempo que sus hijos terminaban la universidad. "Mi mamá fue una gran influencia para mí porque crió a cinco hijos y la mayor parte del tiempo lo hizo sola. Ella nos enseñó siempre que la educación es muy importante porque nos abre muchos caminos", comentó Ochoa. "Siempre nos alentó para que siguiéramos nuestra vocación. Ella daba gran valor a la educación universitaria".

> "Mi mamá fue una gran influencia para mí porque crió a cinco hijos y la mayor parte del tiempo lo hizo sola. Ella nos enseñó siempre que la educación es muy importante porque nos abre muchos caminos", comentó Ochoa. "Siempre nos alentó para que siguiéramos nuestra vocación. Ella daba gran valor a la educación universitaria".

EDUCACIÓN

Ochoa asistió a la escuela primaria Northmont y a la escuela secundaria Parkway en La Mesa. Le encantaba aprender cosas nuevas y era una estudiante excelente, especialmente en matemáticas. Uno de sus recuerdos más memorables de la escuela primaria es cuando en quinto grado la maestra dividió la clase en grupos y le asignó a cada uno la tarea de crear sus propios países y gobiernos. "Competimos durante todo el año con los otros países en varios proyectos", recuerda. "A veces, al final del día, debatíamos con los demás grupos, y de esta manera podíamos ganar puntos para nuestro país". A los 13 años, Ochoa ganó el concurso de deletreo del condado de San Diego. También fue nombrada alumna sobresaliente en séptimo y octavo grado en esa misma época.

Ochoa se graduó de la escuela secundaria Grossmont de La Mesa en 1975. Terminó la primera de su clase y por lo tanto, tuvo el honor de pronunciar el discurso de despedida. Aunque se le ofreció una beca de cuatro años para asistir a Stanford University, Ochoa decidió permanecer cerca de su hogar. Se inscribió en San Diego State University, donde formó parte de la banda, del conjunto de instrumentos de viento y de las sociedades de honor Phi Beta Kappa y Sigma Xi. Como estaba interesada en tantos temas académicos, a Ochoa le costó mucho elegir una carrera. Cambió cuatro veces de carrera (música, administración de empresas, periodismo e informática) antes de decidirse finalmente por la física. Mantuvo una calificación promedio perfecta de 4.0 puntos durante su carrera y obtuvo el título de Licenciada en Ciencias (B.S.) Físicas de San Diego State University en 1980.

Protegida por un casco y sujetando los aparejos del paracaídas, la candidata a astronauta Ellen Ochoa navega durante un ejercicio en un curso de entrenamiento de supervivencia en la base de las Fuerzas Aéreas de Vance en Enid, Oklahoma, 1990.

Después de obtener su licenciatura en Física, Ochoa siguió estudiando ingeniería eléctrica como estudiante graduada en Stanford University. También siguió tocando la flauta clásica en la orquesta sinfónica de Stanford. De hecho, fue distinguida como la estudiante solista más destacada de la orquesta en 1983. Ochoa obtuvo su Maestría (M.S.) en Stanford University en 1981 y su Doctorado (Ph.D.) en 1985.

MOMENTOS DESTACABLES DE SU PROFESIÓN

Obtención de patentes por su trabajo en óptica

Después de graduarse de Stanford University, Ochoa aceptó un puesto como investigadora en Sandia National Laboratories en Albuquerque, Nuevo México. Su principal campo de estudio era el procesamiento óptico. En la óptica, la información se transmite, se analiza y se transforma mediante distintos componentes de luz, como rayos láser e imágenes holográficas. Uno de los logros científicos más importantes de Ochoa surgió de la investigación que llevó a cabo para su tesis doctoral. Inventó una técnica de inspección óptica que permite detectar defectos en materiales y objetos. Mientras trabajaba en Sandia, Ochoa logró obtener la patente (que es una forma de proteger legalmente un invento) de este dispositivo así como dos otros que desarrolló: un sistema óptico para reconocer patrones y objetos y un sistema óptico para filtrar imágenes visuales para disminuir la distorsión y el ruido.

———— " ————

"Por primera vez me di cuenta de que podría ser apta para esto. En realidad, antes no tenía idea de cuál era el tipo de persona que buscaba la NASA ni de cuáles eran las calificaciones necesarias. Realmente, esto no era algo a lo que había aspirado siempre. Durante toda mi vida, había pensado en seguir varias carreras distintas, pero esto resultó ser lo que en realidad deseaba hacer".

———— " ————

En 1988, Ochoa fue contratada como investigadora en el Centro de Investigación Ames de la Administración Nacional del Espacio y la Aeronáutica (NASA) en Mountain View, California. Sus responsabilidades incluían la investigación de sistemas de procesamiento de imágenes y datos ópticos para computadoras y robots espaciales. En poco tiempo, Ochoa fue considerada como una líder en el desarrollo de sistemas de alto rendimiento para el programa espacial. Terminó supervisando un equipo de 40 personas en el Departamento de Tecnología de Sistemas Inteligentes en Ames.

Admisión al programa para astronautas

La primera vez que Ochoa presentó su solicitud para el programa de capacitación para astronautas fue en el año 1985, cuando todavía estaba terminando su doctorado en Stanford. En realidad, nunca antes había pensado en ser astronauta, pero varios de sus amigos en la universidad habían presentado su solicitud y Ellen se sorprendió al descubrir que cumplía con todos los requisitos preliminares. "Por primera vez me di cuenta de que podría ser apta para esto", recuerda. "En realidad, antes no tenía idea de cuál era el tipo de persona que buscaba la NASA ni de cuáles eran las calificaciones necesarias. Realmente, esto no era algo a lo que había aspirado

Ochoa y la tripulación del trasbordador espacial Discovery, 1993.

siempre. Durante toda mi vida, había pensado en seguir varias carreras distintas, pero esto resultó ser lo que en realidad deseaba hacer".

La primera solicitud que presentó Ochoa para el programa de capacitación para astronautas fue rechazada, de modo que aceptó el trabajo que le habían ofrecido en Sandia. Dos años más tarde volvió a presentar su solicitud y esta vez la aceptaron. Poco después de trasladarse a Ames, Ochoa se enteró de que estaba entre los 100 primeros candidatos, elegidos entre 2.000 aspirantes a entrar al programa. En 1990, la NASA le anunció que era una de las 23 personas que habían aprobado la selección final y que debía comenzar con el riguroso programa de capacitación para astronautas. Como parte del programa, cursó una gran variedad de materias académicas, como geología, meteorología y astronomía. También completó su capacitación en aptitudes de supervivencia al aire libre y salto en paracaídas. Además, pasó mucho tiempo trabajando con modelos computarizados y aviones de propulsión a chorro especialmente equipados que simulaban diversos aspectos de los vuelos espaciales. Ochoa pasó todas estas pruebas y en julio de 1991 se transformó oficialmente en astronauta: la primera mujer hispana que lo lograba.

Vuelo en el trasbordador espacial

Como astronauta, Ochoa estaba alojada en el Centro Espacial Johnson de la NASA en Houston, Texas. Allí ocupó varios cargos relacionados con el respaldo técnico. Por ejemplo, verificó el software de vuelo que se utilizó en el trasbordador espacial, se desempeñó como representante del equipo encargado del desarrollo de la robótica y trabajó en el control de misiones. Finalmente, en abril de 1993, se le asignó su primera misión para volar a bordo del trasbordador espacial. Se unió a una tripulación de cinco miembros en una misión de nueve días a bordo del *Discovery*. La misión principal del vuelo era estudiar la atmósfera terrestre y reunir información acerca de los cambios en la capa de ozono. Esta capa gaseosa de la atmósfera actúa como filtro para proteger a la Tierra de las radiaciones nocivas del sol. Muchos científicos están preocupados debido a que la cantidad de ozono en la atmósfera ha disminuido por el humo que liberan los volcanes en erupción, los automóviles y las fábricas, así como también los productos químicos denominados clorofluorocarbonos (CFC) que se utilizan en los aerosoles y los aires acondicionados.

> *"Los vuelos espaciales son una gran experiencia. Cuando viajaba por el espacio, pensaba en lo afortunada que era al estar allá arriba y en toda la gente que desearía estar en mi lugar. No me cansaba de mirar la Tierra, ni de día ni de noche, mientras pasábamos sobre ella. Aunque trajimos de vuelta unas fotografías increíbles, no se pueden comparar con estar allí arriba".*

El *Discovery* transportaba un conjunto especial de instrumentos científicos denominado Laboratorio Atmosférico para Aplicaciones y Ciencia o ATLAS-2. La NASA planeaba enviar el ATLAS al espacio una vez por año durante diez años a fin de registrar los cambios en la temperatura, presión y composición química de la atmósfera terrestre durante todo un ciclo solar. El trabajo de Ochoa a bordo del trasbordador espacial era el de especialista de misión. Estaba a cargo del funcionamiento de un brazo robótico utilizado para lanzar y volver a capturar un satélite que reunía datos sobre el sol. Completó su misión con éxito y disfrutó de todos los aspectos de su primera visita al espacio. "Los vuelos espaciales son una gran experiencia. Cuando viajaba por el espacio, pensaba en lo afortunada que era al estar allá arriba y en toda la gente que desearía estar en mi lugar", declaró. "No me cansaba de mirar la Tierra, ni de

Los astronautas Ochoa y Donald R. McMonagle a bordo del trasbordador espacial Atlantis, *1994.*

día ni de noche, mientras pasábamos sobre ella. Aunque trajimos de vuelta unas fotografías increíbles, no se pueden comparar con estar allí arriba".

En noviembre de 1994, Ochoa realizó su segundo vuelo espacial a bordo del trasbordador espacial *Atlantis*. Formó parte de una tripulación de seis personas para una misión de diez días encargada de reunir datos acerca de las fluctuaciones en la energía solar y su impacto sobre la atmósfera terrestre. Nuevamente, el trasbordador estaba equipado con el laboratorio ATLAS para realizar los registros científicos anuales. Como comandante de carga del vuelo, Ochoa volvió a utilizar un brazo robótico para lanzar y recuperar un satélite que llevó a cabo la investigación de la atmósfera.

Viaje a la Estación Espacial Internacional

Ochoa realizó su tercer viaje al espacio exterior en mayo de 1999 a bordo del *Discovery*. Formó parte de una tripulación de siete personas que llevó a cabo una misión histórica de 11 días de duración a la Estación Espacial Internacional. La estación espacial es un proyecto conjunto entre los Estados Unidos, Rusia, Japón y varios otros países. Una vez que esté terminada, servirá como plataforma para que los astronautas lleven a cabo experimentos científicos a largo plazo en el espacio. "Al volver a casa después de un vuelo en el trasbordador, los investigadores siempre hacen la misma

*La tripulación del STS-96 visita la plataforma de lanzamiento donde
el trasbordador espacial* Discovery, *al fondo, está siendo preparado
para el despegue, 1999.*

pregunta: ¿Qué podríamos haber hecho para que el viaje fuera mejor? La
respuesta es siempre la misma: "Permitir que nos quedemos allá arriba
más tiempo", explicó Ochoa. "Sin duda, lo que la estación nos permitirá es
establecer un laboratorio orbital en el que se pueda trabajar como uno lo
haría en un laboratorio en la Tierra". En la misión del *Discovery*, por
primera vez un trasbordador espacial estadounidense se acopló con la
Estación Espacial Internacional.

Como especialista de misión e ingeniera de vuelo del *Discovery*, Ochoa fue
la encargada de coordinar la transferencia de más de 1.800 kilos de ali-
mento, agua, equipos y otros suministros a la estación espacial para pre-
pararla para la llegada de los primeros astronautas que vivirían allí a partir
del año 2000. Aunque la misión resultó exitosa, la tripulación de la que
Ochoa formaba parte recibió algunas críticas por parte de funcionarios de
la NASA cuando regresaron a la Tierra. Algunos de los astronautas habían
sufrido dolores de cabeza, náuseas y otros malestares durante el tiempo en
que permanecieron en la estación espacial, y no informaron a la NASA acerca de estos problemas hasta el final de la misión. Según los funcionarios de

la NASA, los astronautas deberían de haber informado que se sentían mal de forma inmediata. Después de todo, estos síntomas pudieron haber sido causados por falta de oxígeno a bordo de la estación espacial. Hubiera sido útil que los astronautas realizaran pruebas antes de que una tripulación permanente viviera a bordo de la estación espacial.

A fines de 1999, Ochoa había acumulado 720 horas en el espacio. Siempre ha disfrutado de cada uno de los aspectos de su tarea como astronauta. "Ser astronauta me permite aprender todo el tiempo", señaló. "En una misión se puede trabajar con investigación atmosférica, y en la siguiente, realizar estudios sobre la densidad de los huesos o el diseño de una estación espacial". Ochoa es una firme defensora del programa espacial y considera que cumple un papel importante en la vida de los estadounidenses. "Parte de nuestro papel como nación consiste en explorar nuevos territorios y comprender más acerca de la ciencia", explica. "Si no tuviéramos una agencia como la NASA, comprometida con la exploración y el desarrollo científico, creo que dejaríamos de crecer como nación. No podríamos avanzar en las diversas áreas de la tecnología, que es lo que siempre hemos deseado. Esto afectaría totalmente la naturaleza de los Estados Unidos y de aquellos temas que consideramos importantes".

> "Parte de nuestro papel como nación consiste en explorar nuevos territorios y comprender más acerca de la ciencia. Si no tuviéramos una agencia como la NASA, comprometida con la exploración y el desarrollo científico, creo que dejaríamos de crecer como nación. No podríamos avanzar en las diversas áreas de la tecnología, que es lo que siempre hemos deseado. Esto afectaría totalmente la naturaleza de los Estados Unidos y de aquellos temas que consideramos importantes".

Retorno a la estación espacial

En abril del 2002, Ellen Ochoa voló en una misión de 11 días en el trasbordador espacial *Atlantis*. El objetivo de la misión era trasladar un componente importante para la construcción de la Estación Espacial Internacional, una estación permanente que está en órbita alrededor de la Tierra, administrada por un grupo de naciones, y no solamente por los Estados Unidos. El objetivo de la estación es que allí vivan astronautas que realicen investigaciones científicas sobre temas como cristales proteicos, cultivos de

Los astronautas de la misión STS-110 en el trasbordador espacial Atlantis: *Michael J. Bloomfield (centro primer plano), piloto Stephen N. Frick (abajo derecha), Steven L. Smith (arriba izquierda), Ellen Ochoa (arriba derecha), and Lee M.E. Morin (boca abajo).*

tejidos, microgravedad y salud humana. También realizarían observaciones de la Tierra para ayudar a que los científicos entiendan mejor los terremotos, volcanes, huracanes y otros aspectos del medio ambiente.

La estación espacial se está construyendo gradualmente, pieza por pieza, aunque dos astronautas ya viven allí de forma permanente. Cuando llegó la misión de Ochoa, la estación espacial tenía espacio para vivir, un laboratorio científico, módulos de almacenamiento y paneles de energía solar. El trasbordador *Atlantis* transportó una viga gigantesca, que pesaba 12.247 kilos y medía 13 metros de largo por 4 metros de ancho. Con 475.000 piezas, llenas de tubos y cables, es la pieza central de lo que se transformará en una viga de soporte de 108 metros para la estación. Cuando finalice su construcción, servirá para sostener controles térmicos, comunicaciones computarizadas, un circuito cerrado de televisión, señales de guía para manejar la estación espacial, además de cuatro paneles de energía solar, que convierten la luz del sol en electricidad. Incluirá un carro con rieles que servirá como base móvil para el brazo robot de la estación. En la misión, Ochoa usó el brazo robot de la estación espacial para levantar la viga y conectarla a la estación espacial.

Esta era la segunda vez que Ochoa llevaba suministros a la estación. Cuando cumplió la misma misión en 1999, la estación tenía dos habitaciones y estaba deshabitada. "Ahora vuelvo y la encuentro funcionando", cuenta. "Hay tripulantes viviendo aquí, este es su hogar. Nos recibirán en la puerta, esperándonos para cenar. Es diferente visitar la casa de alguien como invitado".

Compartir el amor por la ciencia con los niños

En los últimos años, Ochoa ha venido compartiendo su amor por la ciencia, en lo que ella considera como una de las partes más satisfactorias de su trabajo. Le gusta especialmente visitar las escuelas y hablar con los estudiantes. "Nunca pensé en este aspecto del trabajo cuando me postulé, pero es muy satisfactorio. No estoy intentando que todos los niños quieran ser astronautas, pero sí quiero que piensen en una profesión y en la preparación que necesitarán", explica. "Le cuento a los estudiantes que tuve tantas oportunidades gracias a una buena educación. La educación es lo que nos permite destacarnos". Además de aparecer en las dos charlas por mes permitidas por la NASA, Ochoa da a menudo entrevistas de radio, televisión y para los periódicos. También apareció en un segmento de un programa educativo de televisión llamado "Futures".

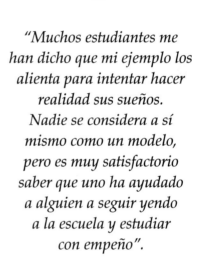

"Muchos estudiantes me han dicho que mi ejemplo los alienta para intentar hacer realidad sus sueños. Nadie se considera a sí mismo como un modelo, pero es muy satisfactorio saber que uno ha ayudado a alguien a seguir yendo a la escuela y estudiar con empeño".

Ochoa siempre alienta a los jóvenes para que sigan yendo a la escuela y estudien matemáticas y ciencias. "Es posible que ahora no sepas qué quieres hacer cuando crezcas, o que tus intereses cambien, o que más adelante descubras una nueva profesión que no conozcas hoy, como por ejemplo, ser astronauta. Pero es esencial mantener tus opciones abiertas, y por este motivo, es importante estudiar matemáticas y ciencias en la escuela. Con una buena base en estas áreas podrás tener muchas profesiones distintas para elegir", afirma Ochoa. "Cuando era más joven, no tenía idea de que esto sería lo que haría en mi vida. A veces es difícil relacionar lo que uno hace en la escuela con lo que se podrá hacer al crecer. En mi caso, me interesó educarme y nunca pensé en dejar de ir a la escuela secundaria o la

Ochoa con su hijo Wilson en brazos, tras el aterrizaje del Discovery, *1999.*

universidad. La NASA busca personas a las que les interese aprender cosas nuevas. Hay muchos trabajos y profesiones interesantes a los que podrán acceder si siguen yendo a la escuela".

Como la primera mujer astronauta hispanoamericana, Ochoa se da cuenta de que es un modelo para los niños hispanos. "Los niños no ven con mucha frecuencia a gente con nombres hispanos haciendo cosas como ir al espacio. Para ellos, esto es algo con lo que sólo pueden soñar. Un poco de aliento puede ser todo lo que necesitan para empezar", sostiene Ochoa. "Muchos estudiantes me han dicho que mi ejemplo los alienta para intentar hacer realidad sus sueños. Nadie se considera a sí mismo como un modelo, pero es muy satisfactorio saber que uno ha ayudado a alguien a seguir yendo a la escuela y estudiar con empeño". Cuando se le pregunta sobre los consejos que da a sus jóvenes admiradores, Ochoa responde: "Yo aconsejo a todos que se planteen metas elevadas y que traten de alcanzarlas. Creo que no importa si uno alcanza o no ese objetivo distinguido. Al elevar las miras, se encuentran otras oportunidades que pueden llevar a una profesión interesante y una vida plena".

MATRIMONIO Y FAMILIA

Ellen Ochoa está casada con Coe Fulmer Miles, un ingeniero investigador de computadoras que conoció en el Centro de Investigación Ames de la NASA, el 27 de mayo de 1990. Tienen un hijo, Wilson Miles-Ochoa, y viven en Houston, Texas.

PASATIEMPOS Y OTROS INTERESES

A Ochoa le sigue gustando tocar la flauta siempre que se presenta la oportunidad. También se distrae jugando al vóley y montando en bicicleta. Tiene una licencia de piloto privado para aviones de motor pequeño, aunque tiene poco tiempo para volar fuera del programa espacial.

PREMIOS Y DISTINCIONES

National Achievement Award (premio nacional al logro) (*Hispanic Engineer*): 1989

Pride Award (premio orgullo) (National Hispanic Quincentennial Commission): 1990

Achievement in Science Award (premio por logros científicos) (*Hispanic*): 1991

Space Flight Medal (medalla por vuelo espacial) (NASA): 1993, 1994, 1999

Medallion of Excellence Role Model Award (medalla al modelo de excelencia) (Congressional Hispanic Caucus): 1993

Engineering Achievement Award (premio a los logros en ingeniería) (Women in Science and Engineering): 1994

Outstanding Leadership Medal (medalla por liderazgo destacado) (NASA): 1995

Albert Baez Award for Outstanding Technical Contribution to Humanity (premio Albert Baez por contribución técnica destacada a la humanidad) (*Hispanic Engineer*): 1995

Hispanic Heritage Leadership Award (premio al liderazgo hispano): 1995

Alumna of the Year (alumna del año) (San Diego State University): 1995

Exceptional Service Medal (medalla al servicio excepcional) (NASA): 1997

MÁS INFORMACIÓN

En español

Contenido, 15 de diciembre del 2001, pág. 82
Hispanic Times Magazine, primavera del 2002, pág. 24
Latina, mayo de 1998, pág. 60

En inglés

Hispanic, many de 1990 pág. 18; mayo del 2002, pág. 14
Hispanic Engineer, 1 de diciembre de 1995, pág. PG
*Houston Chronicle,*13 de abril de 1993, pág. A5
Los Angeles Times, 27 de mayo de 1993, sección Nuestro Tiempo, pág. 1; 18 de diciembre de 1994, sección City Times, pág. 6
Mavis, Barbara. *Famous People of Hispanic Heritage,* 1996 (para jóvenes)
Morey, Janet. *Famous Hispanic Americans,* 1996 (para jóvenes)
New York Times, 7 de agosto de 1999, pág. A9
Notable Hispanic American Women, 1998

DIRECCIÓN

National Aeronautics and Space Administration
Johnson Space Center
Astronaut Office
Houston, TX 77058

SITIOS WEB

http://www.jsc.nasa.gov/bios/htmlbios/ochoa.html
http://www.nwhp.org/whm/themes/eochoa.html

Julia Roberts 1967-

Actriz y estrella de cine estadounidense
Protagonista de éxitos como *Pretty Woman, La boda de
mi mejor amigo, Notting Hill, Erin Brockovich* y *La pareja
del año*

NACIMIENTO

Julia Fiona Roberts nació el 28 de octubre de 1967, en Atlanta,
Georgia. Su padre, Walter Roberts y su madre, Betty Lou (Bra-
demus) Roberts, dirigían un taller para actores y escritores.
Después de su divorcio, ocurrido cuando Julia tenía cuatro
años, su padre se dedicó a vender aspiradoras y su madre se

empleó como secretaria. Julia tiene un hermano mayor, el actor nominado para un Oscar Eric Roberts, y una hermana mayor, Lisa. También tiene una media hermana menor, Nancy Motes, del segundo matrimonio de su madre.

JUVENTUD

Roberts siempre ha dicho que la actuación está en sus genes. Es la "enfermedad de la familia", decía su madre cuando se refería a la afición del clan Roberts por la actuación. En efecto, un amor compartido por el teatro fue lo que unió a los padres de Roberts cuando se conocieron en Mississippi a mediados de la década de 1950, en la época en que ambos estaban al servicio de las Fuerzas Aéreas. La pareja, que siempre estuvo fascinada por los escenarios, alimentó este interés produciendo y protagonizando espectáculos organizados para las tropas. Posteriormente, trabajaron en todo tipo de empleos relacionados con el teatro en lo posible. Cuando Julia nació, los Roberts habían logrado hacer realidad un sueño al fundar el "Actors and Writers Workshop", un modesto teatro escolar y comunitario en Atlanta.

Los padres de Julia no pudieron superar las dificultades financieras y se vieron forzados a cerrar la escuela de teatro cuando Julia tenía cuatro años. "Nunca se hicieron ricos y nunca se hicieron famosos", comenta Julia. "Pero me enseñaron que uno hace las cosas con un objetivo determinado y si las cosas salen bien, mejor. Pero si no salen . . . nadie se va a morir por eso".

Como el taller estaba en la planta inferior de la casa de dos pisos de la familia, Roberts estuvo rodeada por el ambiente teatral desde su primera infancia. Su madre recuerda que colocaba a Julia (a quien la familia siempre llamó Julie) en su corralito mientras trabajaba en el vestuario de la más reciente producción. Mientras Betty Roberts cosía, daba clases de técnica vocal y manejaba la publicidad, Walter Roberts daba clases de actuación y dirigía producciones, especialmente con niños. Eric, el hermano de Julia, 11 años mayor que ella, demostró un talento prometedor en obras como *Otelo*, de William Shakespeare. Otros notables participantes del taller de teatro eran los hijos de Martin Luther King, Jr., líder del movimiento de los derechos civiles. Su viuda, Coretta Scott King, apreciaba el hecho de que la de los Roberts era la única escuela de teatro de la ciudad donde podían concurrir, todos juntos, niños de diferentes razas. Además de las producciones que realizaban en su taller, los Roberts habían obtenido una subvención del gobierno para presentar las obras en los barrios pobres de Atlanta, donde actuaban sobre la plataforma de una camioneta que llamaban "showmóvil". Su madre cuenta que los niños iban a jugar con la bebé Julia que estaba en su cochecito de bebé. La actriz Yolanda King cuenta que: "Julia siempre parecía estar feliz, llena de vida y energía y siempre andaba por todas partes".

A pesar de su pasión por el teatro, los padres de Julia no pudieron superar las dificultades financieras. Se vieron forzados a cerrar la escuela cuando Julia tenía cuatro años. "Nunca se hicieron ricos y nunca se hicieron famosos", comenta Julia. "Pero me enseñaron que uno hace las cosas con un objetivo determinado y si las cosas salen bien, mejor. Pero si no salen . . . nadie se va a morir por eso". Sin embargo, los padres de Roberts tuvieron que pagar un precio muy alto por tratar de perseguir su sueño. Poco después del fracaso del taller de teatro, se disolvió también el matrimonio. Después del divorcio en 1972, los niños fueron separados: Julia y Lisa se quedaron con su madre, mientras que Eric se fue a vivir con su padre. En menos de un año, Betty Roberts se volvió a casar y se mudó con su nuevo esposo a la pequeña ciudad de Smyrna, cerca de Atlanta. Después de su propio nuevo casamiento en 1974, Walter Roberts pidió la custodia legal de sus hijas. Después de una amarga batalla legal logró solamente algunos privilegios de visita limitados, que incluían dos semanas en verano y llamadas telefónicas de media hora una vez por semana. A pesar de las restricciones, Roberts cuenta que conservó un sólido vínculo con su papá, que tenía un "sentido del humor realmente genial", afirma. Tenía con él una "hermosa relación . . . nada intelectual, simplemente de cariño y diversión: nos gustaba hacer cosas juntos, como cantar la canción de Oompa-Loompas o dibujar y pintar", recuerda Roberts.

Además de las actividades creativas, Roberts también adoraba a los animales, a sus propias mascotas así como a los animales sin dueño y soñaba con convertirse en veterinaria. "Me sentía como el Dr. Doolittle", recuerda. "Estaba convencida de que podía hablar con los animales". Estaba muy unida a su hermana Lisa, que era sólo dos años mayor que ella y con la cual compartió la cama hasta que Julia cumplió 10 años. Recuerda que, "esperaba hasta que [Lisa] se durmiera para tocarla; eso hacía que me sintiera segura y me impedía tener miedo por la noche". La seguridad de la infancia de Roberts recibió un nuevo golpe cerca de su décimo cumpleaños, cuando su padre repentinamente se enfermó de cáncer de garganta. Fue imposible operarlo y en pocas semanas, falleció. "Sentí como si hubiera crecido dos veces", comentó. "Después todo fue completamente diferente". "La muerte de mi padre cambió el curso de mi vida y de alguna manera ha alterado todos los puntos de vista y pensamientos que he tenido", afirma. Después de sentirse furiosa durante un tiempo por esta pérdida, finalmente pudo reconciliarse con la muerte de su padre. "Ahora pienso que puedo hablar con él cada vez que lo necesito", afirma. "Siempre está conmigo".

EDUCACIÓN

Roberts asistió a la escuela elemental Fitzhugh Lee Elementary School y a la escuela secundaria Griffin Middle School en Smyrna. Un incidente ocurrido cuando estaba en sexto grado reveló que poseía una enorme valentía para una niña de esa edad. Después de ser la pareja de baile de un niño afroamericano en un concurso de baile de la escuela, algunos de sus compañeros rompieron su casillero y la insultaron. Roberts ignoró estas presiones de sus compañeros de escuela, manteniendo la tradición de equidad social que sus padres le habían transmitido a través del ejemplo (Roberts siguió manteniendo esa actitud siendo ya adulta, como cuando le hizo frente al intolerante propietario de un restaurante que había maltratado a un colega de filmación afroamericano). En la preparatoria Campbell High School demostró siempre gran entusiasmo a la hora de contribuir para la escuela, trabajando como miembro del comité de estudiantes y finalmente, como tesorera de la clase. También participó en competencias de tenis, deporte que aprendió en un campamento de verano.

Académicamente, Roberts prefería las clases de inglés a las de ciencias o matemáticas, lo que quizás moderó su entusiasmo por seguir la carrera de veterinaria. Un día, escapándose de su clase de álgebra para ir a la biblioteca, tuvo una revelación. "Descubrí un enorme libro llamado *Hojas de Hierba*, de Walt Whitman" recuerda, "y me pasé el resto del semestre leyendo ese libro". Roberts descubrió que tenía talento para escribir y empezó a escribir poemas y mantener un diario, hábito que sigue manteniendo hasta hoy. Según Keith Gossett, su profesor de inglés del último año de la escuela, "Realmente se entusiasmó por la poesía. Era muy sensible, muy consciente de todo lo que la rodeaba". Aunque la describe como una joven tranquila y tímida, también recuerda que tenía un costado pícaro. "Empezábamos a estudiar una lección muy seria y ella a propósito iba en otra dirección", recuerda. "Sonaba la campana y antes de que pudiera asignar las tareas, ella se levantaba y salía de la clase sonriendo". Entonces, como ahora, Roberts se destacaba por su amplia y radiante sonrisa, así como por su estatura muy superior al promedio (medía 1,76 m y creció hasta alcanzar 1,80 m). Además, sus amigos la reconocían por su risa fuerte y franca y por su forma animada de hablar, enfatizando sus palabras con movimientos enérgicos de las manos.

Fuera del colegio, Roberts tuvo una serie de empleos de tiempo parcial, desde vendedora en una heladería y en una zapatería hasta mesera en una pizzería. En sus momentos libres se reunía con sus compañeros, entre ellos su mejor amiga, Paige Sampson. "Comíamos emparedados de atún y tomábamos Coca-Cola dietética, mirábamos telenovelas y hablábamos sobre qué haríamos con nuestras vidas al terminar la escuela", cuenta Julia. A pesar de tener aparentemente un gran círculo de amigos, Roberts se describió años más tarde como una joven "poco popular". Agrega: "No era realmente buena en nada, estaba en el medio, una niña común. Me gustaba la escuela pero nunca me integré realmente. Nunca fui una animadora, ni hice ninguna de esas cosas gloriosas típicas de la escuela".

Es posible, sin embargo, que Roberts haya gozado de una gloria reflejada a través de su hermano Eric, que se trasladó a Nueva York y como joven actor se hizo rápidamente conocido en programas de televisión y películas. Sus papeles en películas como *King of the Gypsies* y *The Pope of Greenwich Village* le valieron importantes elogios por parte de los críticos, que lo consideraron como un actor osado e innovador. Cuando Julia estaba en el último año de la preparatoria, fue nominado al Oscar por su actuación como convicto en *El tren del infierno (Runaway Train)*. Mientras sus compañeras pasaban sus vacaciones de primavera en Florida, Julia viajaba a la ciudad de Nueva York para visitar a Eric y compartir su estilo de vida cada vez más glamoroso. De vuelta a la preparatoria Campbell, Roberts tuvo su propio momento de esplendor cuando fue elegida finalista en el concurso de belleza del colegio. Posteriormente, comparó la emoción de ganar su primer Globo de Oro con lo que sintió cuando pronunciaron su nombre en el concurso del colegio: "Fue una sensación de ¡Dios mío, no puedo creer que me hayan elegido a mí!" Roberts se graduó de Campbell High School en 1985.

> **"**
>
> *A pesar de tener aparentemente un gran círculo de amigos, Roberts se describió años más tarde como una joven "poco popular". Agrega: "No era realmente buena en nada, estaba en el medio, una niña común. Me gustaba la escuela pero nunca me integré realmente. Nunca fui una animadora, ni hice ninguna de esas cosas gloriosas típicas de la escuela".*
>
> **"**

Un pedazo de cielo, *1988*

ELIGIENDO UNA CARRERA

Después de graduarse en la preparatoria, Roberts emprendió su carrera de actriz con rapidez y decisión. Tres días después de la ceremonia, se puso en camino para reunirse con Eric y Lisa, que en ese momento también empezaba a trabajar como actriz, en la ciudad de Nueva York. "Estaba convencida de que tenía tres opciones", dice Roberts. "Podía casarme, ir a la universidad o mudarme a Nueva York. Nadie me había propuesto matrimonio y no quería ir a la universidad, así que me mudé". Llegó a la ciudad con escasa experiencia actoral. En ese momento, la preparatoria Campbell High no ofrecía muchas actividades relacionadas con la actuación (aunque hoy tiene un departamento de teatro y ofrece el Premio Julia Roberts al actor más prometedor del año). La experiencia más cercana que Roberts había tenido con la actuación había sido representar el papel de la política Elizabeth Dole en los simulacros de elecciones del colegio. Debido a su carácter introvertido y tímido, es muy probable que Roberts no haya tenido la suficiente confianza en sí misma para admitir que quería actuar. Pero la proyección que un profesor realizó de la película *Becket*, con Richard Burton y Peter O'Toole, la impresionó mucho y le reveló el poder de la actuación cinematográfica. Es muy probable que su hermano haya sido la inspiración más directa y poderosa. Julia Roberts recuerda: "Yo conocía a Eric como Eric, pero me dije: Si Eric puede convertirse en Eric Roberts, quizás Julia pueda convertirse en Julia Roberts".

MOMENTOS DESTACABLES DE SU CARRERA

La mudanza a Nueva York marcó el comienzo del camino que convertiría a Roberts en la estrella cinematográfica más célebre de los Estados Unidos. Durante su carrera relativamente corta hasta ahora, ya ha tenido dos períodos de éxitos cinematográficos espectaculares, con un período en el medio en que se mezclaron éxitos y fracasos. Durante su espectacular ascenso hacia el estrellato, la novata Roberts fue desde su elogiada actuación en el éxito sorpresivo de bajo presupuesto *Un pedazo de cielo (Mystic Pizza*, 1988), a la nominación para el Oscar de la Academia por la película *Magnolias de acero (Steel Magnolias*, 1989) y su llegada al superestrellato internacional, a los 22 años, por *Pretty Woman* (1990). Durante los años siguientes, Roberts continuó atrayendo a los espectadores con películas como *Durmiendo con su enemigo (Sleeping with the Enemy*, 1991) y *El informe Pelícano (The Pelican Brief*, 1993), aunque estas películas no igualaron el éxito de taquilla de *Pretty Woman*. Otros trabajos fueron verdaderos fracasos y, a mediados de la década de 1990, los críticos comenzaron a dudar de que Roberts pudiera conservar su posición de estrella.

Pero la superestrella probó sus cualidades con una serie de megaéxitos, empezando por *La boda de mi mejor amigo (My Best Friend's Wedding*, 1997) y continuando con *Notting Hill* (1999). Coronó su regreso con un Oscar de la Academia en el 2001 por su papel como protagonista de un drama basado en la vida real, *Erin Brockovich* (2000). Sea cual sea el medio, los fanáticos admiran a Roberts por su rara aptitud para conectarse emocionalmente con el público e iluminar la pantalla con su famosa sonrisa radiante que, según el comediante Billy Crystal, es "tan grande como el Times Square". A pesar de su extraordinaria belleza, Roberts nunca intimida, según los observadores. Se la ha descrito como la "diosa de la casa de al lado", una mujer a la que las demás mujeres desearían tener como amiga y de la que los hombres se enamoran. "Su magia", dice el director Joe Roth, "es que nos convence de que es a la vez una reina del cine y la chica de la casa de al lado".

Rápido ascenso al estrellato

Roberts tuvo suerte de principiante como aspirante a actriz en Nueva York. Poco después de su llegada, conoció a un agente teatral que convenció a un amigo para que se encargara de administrar su carrera. Bob McGowan asesoró a Roberts, descubrió audiciones que eran adecuadas para ella y, lo más importante, encontró a un entrenador de técnica vocal que ayudó a que Julia perdiera su denso acento de Georgia. "Julia era extremadamente ambiciosa. Tenía un ansia enorme por triunfar", dijo McGowan. Roberts trabajó en una zapatería de la cadena Athlete's Foot e intentó trabajar como modelo. Pero dedicó la mayor parte de su tiempo a llevar adelante su carrera de actriz. "Realicé audiciones para comerciales, programas de televisión, cualquier cosa, pero no creo que haya impresionado realmente a nadie", cuenta. "No me llamaban para ofrecerme demasiados trabajos, sólo lo suficiente como para mantenerme".

La primera oportunidad de Roberts le llegó a través de su hermano, que había firmado un contrato para actuar en una saga familiar de bajo presupuesto acerca de los italianos en la zona vitícola de California, y recomendó a Julia para que interpretara el papel de su hermana. *Blood Red* (1986) fue descrita como un "papelón" y salió directamente en video,

—— *"* ——

"Realicé audiciones para comerciales, programas de televisión, cualquier cosa, pero no creo que haya impresionado realmente a nadie. No me llamaban para ofrecerme demasiados trabajos, sólo lo suficiente como para mantenerme".

—— *"* ——

pero está destinada a sobrevivir entre quienes reúnen este tipo de información como su debut en el cine. Los papeles pequeños que obtuvo en series de televisión como "Crime Story" y "Miami Vice" aumentaron su confianza, al igual que su papel en una olvidable película de HBO, *Baja, Oklahoma* (1987). En 1988 fue elegida para el papel de una roquera en una película para adolescentes de bajo presupuesto, *Satisfaction* (1988), sobre una banda de rock formada sólo por chicas. "Esa película me enseñó mucho sobre lo que nunca más espero volver a hacer en una película", dice Roberts sobre esta experiencia. Roberts tuvo mucho más suerte con su nueva película, *Un pedazo de cielo*, que

la colocó firmemente en el camino hacia el estrellato. Desesperada por conseguir el papel de Daisy, una mesera portuguesa comehombres que se enamora de un muchacho rico, Roberts se presentó a la audición con su largo cabello teñido de negro para que su aspecto étnico fuera el adecuado. Aunque la película obtuvo críticas irregulares, Roberts despertó gran entusiasmo. "Un triunfo menor . . . que genera una tensión humeante, el fuego lívido de una beldad provinciana", dijo un crítico.

En 1989 el rol de mujer fatal fue muy diferente del siguiente papel importante de Roberts, como la trágica beldad sureña enferma de diabetes que encarnó en *Magnolias de acero*. El director de la película había rehusado a tener en cuenta a Roberts para el papel, y sólo la aceptó cuando Sally Fields, una las estrellas protagonistas, intervino a su favor. (Roberts había

El elenco de Magnolias de acero *(desde la izquierda):*
Dolly Parton, Sally Fields, Olympia Dukakis, Shirley MacLaine,
Julia Roberts y Daryl Hannah, 1989.

cautivado e impresionado a Fields en las filmaciones de *Satisfaction*). Incluso en la compañía de estrellas de la talla de Fields, Olympia Dukakis,
Shirley MacLaine, Daryl Hannah y Dolly Parton, Roberts sobresalió gracias
a su representación emocional y conmovedora de una joven recién casada.
En general, los críticos menospreciaron la película al considerar que era
demasiado emotiva y sentimental, pero varios de ellos elogiaron la actuación de Roberts. Fue nominada para un Oscar de la Academia como mejor
actriz de reparto y obtuvo el Globo de Oro por su trabajo.

Pretty Woman

Apoyada por la aclamación y los premios, Roberts planeó cuidadosamente
sus próximos pasos. "Rechacé [muchas más películas durante ese período]
que las que nunca había creído que rechazaría en mi vida", dijo Roberts. Se
manejó obedeciendo a su intuición, como dice que le gusta hacer, e hizo
una elección sorprendentemente poco glamorosa. El guión que eligió para
su próxima película fue el de *3000*, una película que contaría la historia
sombría de un insensible magnate industrial que le paga $3000 dólares a

RICHARD GERE   JULIA ROBERTS

una prostituta drogadicta para que pase una semana con él. Después de tentarla con su lujoso estilo de vida, la vuelve a abandonar a su suerte con indiferencia. El representante de Roberts la describió como "la antítesis de un cuento de hadas". Sin embargo, antes de que se filmara la película, el guión sufrió algunas modificaciones. Para el momento en que las cámaras comenzaron a rodar, el guión había sido adquirido por los estudios Disney, se había decidido que la película sería dirigida por Garry Marshall, famoso por la serie de televisión "Happy Days" y la mayor parte del guión se había vuelto a escribir.

La que era una historia deprimente se convirtió en *Pretty Woman* (1990), una fantasía contemporánea optimista con un final feliz. En la película Roberts es una prostituta honesta, graciosa y con los pies bien puestos sobre la tierra que tiene un corazón de oro, y Richard Gere es el millonario impecable y convencional que la contrata y luego se enamora de ella. Aunque muchos críticos se burlaron del guión de la película por considerarlo frívolo, en general elogiaron la actuación de Julia, considerándola graciosa, encantadora, brillante y natural. Roberts fue nominada por segunda vez para los premios Oscar de la Academia, esta vez como mejor actriz. Su actuación cautivó al público y ella se ganó la reputación de artista taquillera. *Pretty Woman* batió récords de recaudaciones y se transformó en la película más taquillera que hayan producido los Estudios Disney. En su tercer papel protagónico y a los 22 años de edad, Roberts se transformó en una de esas actrices de excepción que pueden "masificar" una película; es decir, atraer al público sólo porque su nombre figura en el reparto.

Éxitos y decepciones

Los años siguientes fueron de altibajos para Roberts, dado que durante la década de 1990 se enfrentó a desafíos personales y profesionales. Cuando obtuvo su primer gran éxito con la película *Pretty Woman* era muy joven y no siempre supo manejar la fama del mejor modo posible. Se ganó la reputación de ser una persona con la que resultaba difícil trabajar, y de ser el terror de los foros cinematográficos. También se vio envuelta en varias relaciones sentimentales que fracasaron, lo que atrajo mucha atención no deseada de la prensa. Aunque se mantuvo a la altura de su reputación de actriz taquillera, ninguna de las películas que realizó a principios y mediados de la década de 1990 alcanzó el éxito de *Pretty Woman*. De hecho, algunas de las películas en las que intervino fueron éxitos, otras fueron decepcionantes y algunas otras fueron verdaderos fracasos.

En *Línea mortal (Flatliners,* 1990), su primera película después de *Pretty Woman,* Roberts compartió el cartel con Kevin Bacon y Kiefer Sutherland en un drama acerca de unos estudiantes de medicina que experimentan con la vida y la muerte. En 1991 la película de suspenso *Durmiendo con su enemigo,* Roberts es la esposa de un hombre celoso y psicótico que abusa de ella, papel que estuvo a cargo de Patrick Bergin. A pesar del tema truculento, los aficionados al cine se congregaron para ver a Roberts y la película resultó un éxito comercial, aunque no obtuvo buenas críticas. *El informe Pelícano* (1993) fue un momento particularmente brillante de este período de la carrera de Roberts. Se trata de un thriller inteligente basado en el bestseller de John Grisham, protagonizado por Roberts como una estudiante de derecho que involuntariamente se ve envuelta en un caso importante y peligroso que involucra intrigas políticas, conspiraciones legales y encubrimiento en las más altas esferas gubernamentales. Denzel Washington, el coprotagonista, interpretaba el papel de un reportero investigador que ayuda a Roberts a recorrer este laberinto peligroso. *El informe Pelícano* tuvo buena aceptación entre el público y los críticos.

Pero la década de 1990 también fue testigo de la aparición de Roberts en una serie de proyectos que no tuvieron el éxito esperado: *Todo por amor (Dying Young,* 1991), *Hook— El Capitán Garfio (Hook,* 1991), de Steven Spielberg, *Uno contra otro (I Love Trouble,* 1994), *El poder del amor (Something to Talk About,* 1995) y *Todos dicen te amo (Everyone Says I Love You, 1996),* de Woody Allen, estuvieron lejos de ser grandes éxitos. Sus admiradores no recibieron con demasiado entusiasmo sus apariciones en dos películas singulares del director Robert Altman, *Las reglas del juego (The Player,* 1992) y *Pret-à-Porter,* que también se estrenó como *Ready to Wear* (1994). Durante este período, Roberts también participó en dos películas de época, en un papel de reparto en *Michael Collins* (1996), una película política ambientada en Irlanda a principios de la década de 1900, y un papel estelar en *El secreto de Mary Reilly (Mary Reilly,* 1996), una nueva versión de la historia de Jekyll y Hyde ambientada en Edimburgo en el siglo XIX y narrada desde el

El informe Pelícano, *1993*

punto de vista de la sirvienta, Mary Reilly, papel que encarnó Roberts. Algunos observadores alabaron sus esfuerzos por hacer elecciones personales valientes y actuar en películas potencialmente impopulares, según lo que explica aquí Garry Marshall, el director de *Pretty Woman*. "Ella desea arriesgarse, ser valiente, no filmar sólo películas que sean éxitos comerciales. Tiene un concepto muy serio acerca de la actuación. Los críticos a los que *El secreto de Mary Reilly* no les gustó muy pronto desaparecerán y Julia Roberts todavía estará trabajando". Pero, por lo general, Roberts no obtuvo demasiado reconocimiento por su participación en esas películas históricas: sus admiradores no se sintieron demasiado conformes al ver su belleza resplandeciente envuelta en austeros vestidos de época.

El regreso

Roberts celebró su cumpleaños número treinta en 1997 con un gran éxito. En *La boda de mi mejor amigo*, Roberts tiene el papel de una crítica gastronómica que se entera de que su mejor amigo se va a casar. Se da cuenta demasiado tarde de que lo ama demasiado como para perderlo por otra mujer, de modo que decide sabotear la boda. Secundada por Dermot Mulroney como su mejor amigo y el novio, Cameron Díaz como la novia y Rupert Everett como un amigo, Roberts hace uso de su veta cómica e ilumina la pantalla. Los críticos aclamaron su regreso y se deleitaron con lo que muchos consideran que es lo que mejor hace: la comedia romántica inteligente. Los críticos y sus admiradores también estuvieron de acuerdo en que Roberts luce mucho más atractiva cuando usa ropa y peinados contemporáneos que vestida con los recatados trajes de época de *El secreto de Mary Reilly* o *Michael Collins*. Durante una aparición para promocionar la película, Roberts aceptó de buen grado estas preferencias, coqueteando con su público: "[En la película] tengo el pelo rojo, largo y rizado, como le gusta a ustedes". *La boda de mi mejor amigo* recaudó más dinero durante el fin de semana de su estreno que cualquier otra comedia romántica.

Roberts redondeó ese verano con el estreno del thriller político *Conspiración (Conspiracy Theory,* 1997), en el que actúa junto a Mel Gibson. Gibson interpretó el papel de un conductor de taxi paranoico que está obsesionado con las conspiraciones y con Roberts, que en la película es una empleada del Departamento de Justicia. Sin embargo, un día ambos se ven envueltos en una conspiración que resulta ser peligrosa y real. La película fue un éxito a nivel comercial, pero obtuvo críticas dispares.

Al año siguiente, Roberts debutó como coproductora con la película *Quédate a mi lado (Stepmom,* 1998), en la que comparte el cartel con su amiga en la vida real y socia en la parte de producción, Susan Sarandon. Sarandon encarna a una madre divorciada con dos hijos, y Roberts, a la joven novia de su ex-marido. Pero cuando Sarandon atraviesa algunas crisis difíciles, debe enseñarle a Roberts cómo ayudarla a cuidar a sus hijos. La película es triste, dulce y cómica. Aunque muchos críticos rechazaron el tono sentimental y melodramático de la película, *Quédate a mi lado* fue un éxito de taquilla.

En 1999, Roberts batió su propio récord de recaudaciones en un fin de semana de estreno con la exitosa película *Notting Hill,* donde representa el papel de una estrella cinematográfica estadounidense que gradualmente se enamora de un reservado vendedor de libros londinense, papel que encarna Hugh Grant. Cuando le ofrecieron por primera vez el papel principal femenino, Roberts dijo que su primera reacción fue: "Qué aburrido, qué tedioso . . . qué cosa tan estúpida para que yo haga". Pero le gustó el guión elegante e ingenioso de Richard Curtis y estaba encantada ante la oportunidad de trabajar con él y los demás miembros del equipo que había creado *Cuatro bodas y un funeral (Four Weddings and a Funeral)*, incluyendo a Hugh Grant como su coprotagonista. El mayor obstáculo, según sus propias palabras, fue separarse de ese personaje malcriado y consentido, Anna Scott. "Tuve que esforzarme para representar a una persona con la que en realidad lo único que tengo en común son la ocupación, la altura, el peso y la situación", dijo. "Simplemente porque uno comparte una profesión con

Notting Hill, *1999*

Quédate a mi lado, *1998*

La boda de mi
mejor amigo,
1997

alguien, esto no significa que uno sea la misma persona". Los admiradores de todo el mundo llenaron los cines, y muy pronto la película se unió a las otras cinco películas en las que intervino Roberts que recaudaron más de $100 millones de dólares, lo que constituye un récord para cualquier actriz. Aunque algunos críticos estuvieron de acuerdo en que su personaje era casi demasiado desagradable, la película obtuvo gran aceptación por parte de los críticos, incluyendo estos comentarios de Betty Cortina en *Entertainment Weekly*: "Desde la aparición de Audrey Hepburn no ha habido ninguna estrella que tenga éxito representando papeles en los que se muestra el lado cómico y agridulce del romance", escribió Cortina. "Como actriz, Roberts tiene los elementos que hacen falta para participar en dramas de matices profundos. Podemos verla expresando emociones puras cuando representa a la hija enferma de Sally Fields en *Magnolias de acero*, o en tensión, con intensidad paranoica, como la estudiante de derecho fugitiva de *El informe Pelícano*. Pero en las comedias románticas en las que ha intervenido, desde *Pretty Woman* a *La boda de mi mejor amigo* o *Notting Hill*, se torna natural. Su pasión y su confianza nos transforman: nos ilumina con la supernova de su sonrisa, y nos sentimos aturdidos; suspira, y nuestro corazón se rompe, una y otra vez".

Para su siguiente éxito, *Novia fugitiva (Runaway Bride,* 1999), Roberts no solo permaneció dentro de lo que conocía bien sino que, en cierto sentido, volvió a sus raíces. Para crear este éxito, se volvió a reunir con sus compañeros de equipo de *Pretty Woman*, el director Garry Marshall y el actor principal Richard Gere. Roberts infundió mucho espíritu y humor a su papel, que es el de una joven que siempre se acobarda cuando está ante el altar, y se escapa de sus novios a caballo, en motocicleta o por cualquier otro medio disponible. Gere, un periodista duro, tiene un interés cínico por la historia de esta chica y luego, como es de esperarse, se enamora de ella. Los críticos criticaron severamente el guión al que consideraron muy superficial y la débil química entre Gere y Roberts. Pero nada de

———— **"** ————

"Desde la aparición de Audrey Hepburn no ha habido ninguna estrella que tenga éxito representando papeles en los que se muestra el lado cómico y agridulce del romance. . . . Su pasión y su confianza nos transforman: nos ilumina con la supernova de su sonrisa, y nos sentimos aturdidos; suspira, y nuestro corazón se rompe, una y otra vez".
— *Betty Cortina,*

Entertaiment Weekly

———— **"** ————

Erin Brockovich, *2000*

eso le importó a los espectadores. Por segunda vez en dos años, Roberts quebró su propio récord de recaudación durante el fin de semana de estreno para una comedia romántica. Roberts y compañía habían obtenido otro gran éxito.

Erin Brockovich

Después de la relativa frivolidad de los papeles de estrella de cine y de novia, Roberts encaró en su siguiente proyecto los temas del medio ambiente y el heroísmo en la vida cotidiana. *Erin Brockovich* (2000) se basa en la historia verídica de la mujer del título, una mujer divorciada, con poca instrucción y madre de tres hijos. Roberts encarna a Brockovich, una heroína muy pintoresca, que aprovecha la vida al máximo. En su lucha por llegar a fin de mes y mantener a sus hijos, consigue, usando su poder de convicción, un trabajo como empleada en un estudio de abogados. Allí, al estudiar los casos legales de la firma, descubre que una gran empresa de servicios ha contaminado el suministro de agua de una comunidad, al permitir el derrame de productos químicos tóxicos y venenosos en el agua. Esta contaminación provoca serios problemas de salud a los miembros de la comunidad y especialmente a los niños. A raíz de este incidente la empresa trata de ocultar el problema y niega los daños. Para luchar contra la empresa de servicios, ella inicia un exitoso juicio colectivo y ayuda a obtener una importante decisión judicial que obliga a la empresa a pagar millones de dólares a las víctimas. La verdadera Erin Brockovich fue una heroína y Julia Roberts la retrata como tal en la película.

Roberts recibió muy buenas críticas por su trabajo en *Erin Brockovich*. En esta colaboración con Steven Soderbergh, un director muy respetado por sus películas de gran sensibilidad y su buen manejo de los personajes, Roberts demostró que no era una mera heroína de comedias románticas sino una actriz profunda, con amplios recursos y gran capacidad. In el 2001, la Academia de Hollywood confirmó su posición otorgándole el Oscar a la Mejor Actriz. "Nunca nos hubiéramos imaginado que su sonrisa podría ser más amplia. Pero lo fue en marzo pasado, en la noche de entrega de los

― **"** ―

En el 2001, la Academia de Hollywood confirmó su posición otorgándole el Oscar a la Mejor Actriz. "Nunca nos hubiéramos imaginado que su sonrisa podría ser más amplia. Pero lo fue en marzo pasado, en la noche de entrega de los Oscars. Ella aceptó su premio con una sonrisa de oreja a oreja, que iba de un océano a otro", escribió Jess Cagle en la revista **Time**. *"Amo al mundo entero", exclamó Roberts en su vertiginoso, exuberante, y claramente improvisado discurso de aceptación. "Lo amo hasta aquí".*

Oscars. Ella aceptó su premio con una sonrisa de oreja a oreja, que iba de un océano a otro", escribió Jess Cagle en la revista *Time*. "Amo al mundo entero", exclamó Roberts desde el escenario de la ceremonia de entrega de premios en su vertiginoso, exuberante, y claramente improvisado discurso de aceptación. "Lo amo hasta aquí".

Proyectos recientes

La fortuna aparentemente irrefrenable de Roberts continuó con sus proyectos más recientes. *La Mexicana (The Mexican,* 2001) la puso en pareja con el ídolo de la pantalla Brad Pitt, en una comedia dirigida por un director nuevo y poco conocido, Gore Verbinski. La película se realizó con muy poco presupuesto y los dos protagonistas redujeron sus salarios normalmente estratosféricos para aparecer en la película. Pitt interpretó el papel de un criminal de poca monta que está tratando de dejar atrás su pasado. Se ve obligado bajo amenaza a hacer un último trabajo: transportar un arma antigua (conocida como la Mexicana) desde México. Roberts representa a su novia, que trata de convencerlo para que deje la vida criminal. Mientras tanto, la raptan y la llevan a Las Vegas para asegurarse de que su novio termine el trabajo. Aunque sus admiradores fueron atraídos por la presencia de estas dos superestrellas en la pantalla, Roberts y Pitt actuaron realmente en muy pocas escenas juntos. La película no fue considerada de las más exitosas para ninguno de los dos actores, pero el público acudió para ver en la pantalla a sus actores favoritos actuando juntos. Por otro lado, el director Verbinski sólo tuvo palabras de alabanza para su protagonista femenina: "Recién hemos visto la punta del iceberg en lo que a ella se refiere y me interesa saber qué más puede ofrecer esta actriz. Creo que ahora que está empezando a alejarse del tipo de papel que ha representado tradicionalmente, empezaremos a darnos cuenta de la magnitud de su talento".

> *"Es un cuento de hadas",* afirma el director, Joe Roth sobre **La pareja del año.** *"Es una historia de Cenicienta que la audiencia puede apreciar en el personaje de Kiki [Roberts], una persona muy real insertada en el mundo glamoroso de la loca realeza que es Hollywood. Sin embargo, existe cierta universalidad en la historia con la que cualquiera se puede identificar".*

En otra película reciente, *La pareja del año (America's Sweethearts,* 2001), Roberts actuó junto a Billy Crystal, Catherine Zeta-Jones y John Cusack. Zeta-Jones y Cusack son en la película una pareja de estrellas de cine aún casados pero distanciados que se reúnen para promocionar su última película juntos. Roberts tiene el papel de la hermana torpe y tímida que trabaja como asistente dedicada de la espléndida diosa de la pantalla,

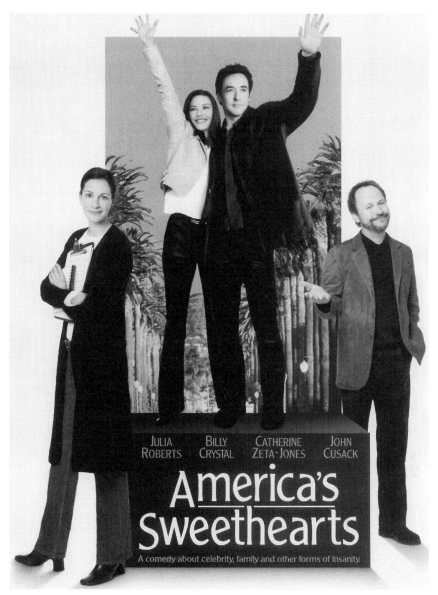

La pareja del año, *2001*

mientras que Crystal es un publicista de un legendario estudio que trata de mantener a las dos estrellas juntas, a pesar de su amarga rivalidad, el tiempo suficiente como para atraer a la prensa y garantizar una buena promoción de la nueva película. *La pareja del año* es una sátira divertida sobre las estrellas de cine egoístas y arrogantes en el pomposo Hollywood, y sobre

La gran estafa, *2001*

la codicia de los reporteros. También es una comedia romántica en la que Roberts hace el papel del patito feo que se convierte en un hermoso cisne. "Es un cuento de hadas", afirma el director, Joe Roth. "Es una historia de Cenicienta que la audiencia puede apreciar en el personaje de Kiki [Roberts], una persona muy real insertada en el mundo glamoroso de la loca realeza que es Hollywood. Sin embargo, existe cierta universalidad en la historia con la que cualquiera se puede identificar".

A continuación, Roberts apareció en el 2001 en una nueva versión de *La gran estafa* (*Ocean's Eleven*), basada en una película originalmente estrenada en 1960, protagonizada por Frank Sinatra, Sammy Davis Jr., Dean Martin y Peter Lawford, el notorio grupo que en su momento se conoció como el Rat Pack. En esta nueva versión, Roberts aparece junto a un elenco multiestelar que incluye a Don Cheadle, George Clooney, Matt Damon, Andy García, Bernie Mac y Brad Pitt, entre otros notables actores. La película fue dirigida por Steven Soderbergh, con quien Roberts había trabajado en *Erin Brockovich*. Un ladrón y estafador recién salido de prisión, interpretado por George Clooney, decide llevar a cabo un último gran golpe. Sería el mayor robo de la historia, el robo de $150 millones de dólares de tres casinos de Las Vegas en la misma noche. Esta operación requiere una experta planificación, exactitud y el equipo mejor entrenado disponible. Es así como Clooney recluta a la crema de la crema del mundo de los ladrones y estafadores. Por supuesto, también hay un elemento personal: Clooney ha elegido tres casinos que pertenecen al hombre que le robó a su chica, interpretada por Julia Roberts. "*La gran estafa* es como una burbuja de champaña, alegre, efervescente y divertida", escribe Kenneth Turan en el *Los Angeles Times*. "Tiene una trama inteligente, personajes divertidos y diálogos chispeantes, entretenidos y espontáneos". Con un elenco tan destacado y una trama tan atractiva, los fanáticos la adoraron. *La gran estafa* resultó un gran éxito de taquilla, recaudando más de $255 millones de dólares.

Después de este estreno, en el 2002 Roberts siguió con una pequeña película independiente, *Full Frontal*, en la cual nuevamente trabajó con Steven Soderbergh. *Full Frontal* presenta una película dentro de una película: Roberts tiene el papel de una actriz que interpreta el papel de una reportera. La película sigue durante todo un día a un gran grupo de personas, y la conexión entre ellas no se revela hasta el final. Se usaron técnicas diferentes, con algunas escenas tomadas con película común de 35 milímetros y otras con una cámara de video digital manual. La película tuvo éxito limitado, pero a muchos les llamó la atención la disposición de Roberts por probar algo completamente diferente.

Desde entonces Roberts ha estado trabajando en dos nuevas películas: *Confessions of a Dangerous Mind*, dirigida por George Clooney, basada en la autobiografía del conductor de programas de entretenimiento Chuck Barris; y *Mona Lisa Smile*, donde Roberts interpreta a una profesora de Wellesley College en los años 1950, junto a Kirsten Dunst, Maggie Gyllenhaal, Marcia Gay Harden y Julia Stiles. Estas nuevas películas irán seguramente a agregarse a la larga lista de películas admiradas de la estrella favorita de Estados Unidos, sumándose a los ingresos superiores a los $1,5 millones de dólares en ventas de entradas que Roberts ha generado en Estados Unidos desde 1990. "En todas sus películas exitosas, siempre ha interpretado el mismo tipo de personaje: una chica/mujer imperfecta que finalmente triunfa, generalmente con la ayuda de un hombre mayor", escribió Mike Sager en la revista *Esquire*. "Sin embargo, cada vez que lo hace, quedo satisfecho. Julia nunca sobreactúa; deja que la escena venga a ella. Tiene un encanto sencillo, gracia y elegancia, un espíritu luchador, un bonito destello de coquetería. Aunque interpreta objetos del afecto, uno la quiere en lugar de desearla. Nos hace sentir que es nuestra amiga o nuestra hermana".

> ———— " ————
>
> *Julia nunca sobreactúa; deja que la escena venga a ella. Tiene un encanto sencillo, gracia y elegancia, un espíritu luchador, un bonito destello de coquetería. Aunque interpreta objetos del afecto, uno la quiere en lugar de desearla. Nos hace sentir que es nuestra amiga o nuestra hermana".*
> — Mike Sager, revista Esquire
>
> ———— " ————

MATRIMONIO Y FAMILIA

Roberts siempre estuvo muy unida a su madre y a su hermana. Actualmente está distanciada de su hermano Eric, pero tiene un vínculo muy especial con la hija menor de su hermano, Emma, que ha seguido los pasos de la familia actuando en algunos pequeños papeles en películas. Julia Roberts posee un departamento en la ciudad de Nueva York, una casa en Los Ángeles y un gran rancho en Nuevo México, donde le encanta reunirse con sus familiares y amigos.

Roberts ha acaparado la atención por sus relaciones románticas y su vida amorosa ha sido muy escudriñada y ampliamente publicitada. La mayoría de sus relaciones han involucrado a otras celebridades, lo que ha contribuido a llamar la fanática atención de la prensa. Rompió dos compromisos, con Dylan McDermott y Kiefer Sutherland. Se casó en 1993 con el cantante y compositor de música country Lyle Lovett. Se separaron después de 21 meses, pero siguen siendo muy buenos amigos. Recientemente, muchos pensaron que Roberts había encontrado la felicidad a largo plazo con el actor Benjamin Bratt, su pareja fuera de la pantalla por varios años, pero entonces la pareja anunció su separación amigable.

Después de esta relación, Roberts empezó a salir con Danny Moder, un camarógrafo que había trabajado en algunas de sus películas. Roberts sorprendió a muchos de sus seguidores en julio del 2002 cuando ella y su novio decidieron casarse en una boda pequeña y privada en su rancho de Taos, Nuevo México. Invitaron a los familiares y amigos más cercanos haciéndoles creer que se los invitaba a un picnic del Día de la Independencia. Poco después de media noche, se casaron al aire libre

PASATIEMPOS Y OTROS INTERESES

Roberts muestra sus raíces de muchacha de pueblo con su amor por el tejido y el bordado, que aprendió de Sally Fields durante el rodaje de *Magnolias de acero*. A Roberts le encanta cocinar grandes pavos y especialidades sureñas como galletas con salsa y, según dicen, le gusta lavar su propia ropa y limpiar la casa. Su propiedad en Nuevo México es el hogar de sus adorados perros, todos rescatados de la perrera. Le encanta correr y hace casi diez kilómetros por día. También es una gran lectora de novelas y poesía. Sigue con la práctica que empezó en la preparatoria de llevar un diario y de escribir poesía, cuando su estado de ánimo la impulsa a hacerlo.

Roberts también ha dedicado tiempo y esfuerzo a varias obras de caridad. Viajó a Haití como embajadora de buena voluntad de UNICEF y trabajó con niños en Calcuta, India, con las Misioneras de la Caridad de la Madre Teresa. También ha ayudado a recaudar fondos para la preservación de las selvas tropicales y para el Síndrome de Rett, un raro trastorno del sistema nervioso que ataca principalmente a las niñas jóvenes. Hace que un bebé normal deje de desarrollarse y empiece a retroceder en su desarrollo. Roberts ha ayudado a divulgar información sobre la enfermedad, narrando y apareciendo en un documental sobre el tema producido por el Discovery Health Channel, "Silent Angels: The Rett Syndrome Story", que describe la enfermedad y las investigaciones que se están llevando a cabo para combatirla. También ayuda a recaudar fondos para ayudar en la investigación de esta enfermedad. Roberts se enteró de la existencia de esta enfermedad cuando su hermana Lisa le presentó a una paciente con Síndrome de Rett, Abigail Brodsky, que entonces tenía 10 años. Roberts aparece con Abigail en el documental sobre esta enfermedad. "El poder de su celebridad y de su nombre es sorprendente", afirma el abogado de la ciudad de Nueva York David Brodsky, padre de Abigail. "Ella quiere hacer cosas buenas con este poder".

PELÍCULAS

Blood Red, 1986
Satisfaction, 1988

Un pedazo de cielo (Mystic Pizza), 1988
Magnolias de acero (Steel Magnolias), 1989
Pretty Woman, 1990
Línea mortal (Flatliners), 1990
Durmiendo con su enemigo (Sleeping with the Enemy), 1991
Todo por amor (Dying Young), 1991
Hook — El Capitán Garfio (Hook), 1991
Las reglas del juego (The Player), 1992
El informe Pelícano (The Pelican Brief), 1993
Uno contra otro (I Love Trouble), 1994
Pret-à-Porter (Ready to Wear), 1994
El poder del amor (Something to Talk About), 1995
El secreto de Mary Reilly (Mary Reilly), 1996
Michael Collins, 1996
Todos dicen te quiero (Everyone Says I Love You), 1996
La boda de mi mejor amigo (My Best Friend's Wedding), 1997
Conspiración (Conspiracy Theory), 1997
Quédate a mi lado (Stepmom), 1998 (actriz y productora)
Notting Hill, 1999
Novia fugitiva (Runaway Bride), 1999
Erin Brockovich, 2000
La Mexicana (The Mexican), 2001
La pareja del año (America's Sweethearts), 2001
La gran estafa (Ocean's Eleven), 2001
Full Frontal, 2002

Películas de televisión

Baja, Oklahoma, 1987

PREMIOS Y DISTINCIONES

Golden Globe Awards (premio golden globe): 1990, Mejor actuación
como actriz de reparto en cine por la película *Magnolias de acero (Steel
Magnolias)*; 1991, Mejor actuación como actriz en cine, Comedia/musi-
cal, por *Pretty Woman*; 2001, Mejor actuación como actriz en cine,
Drama, por *Erin Brockovich*
People's Choice Awards (premio de la gente): 1991, Actriz de cine
favorita; 1992, Actriz de cine favorita, Comedia/Drama; 1994, Actriz de
cine favorita, Drama; 1998, Actriz de cine favorita; 2000, Actriz de cine
favorita; 2001, Actriz de cine favorita.
Woman of the Year (mujer del año) (Hasty Pudding Theatricals, Harvard
University): 1997

MTV Movie Awards (premio de cine MTV): 2000, Mejor actriz, por *Erin Brockovich*

Screen Actors Guild Award (premio screen actors guild): 2001, Actuación sobresaliente de una actriz en un papel protagónico, por *Erin Brockovich*

Academy Award (premio de la Academia) (American Academy of Motion Picture Arts and Sciences) (Academia americana de artes y ciencias cinematográficas): 2001, Mejor actriz, por *Erin Brockovich*

MÁS INFORMACIÓN

En inglés

Biography Magazine, noviembre de 1998, pág. 37
Current Biography Yearbook, 1991
Entertainment Weekly, 24 de junio de 1994; 11 de agosto de 1995, pág. 287; 9 de marzo del 2001, pág. 28
Esquire, abril del 2001, pág. 112
New Yorker, 26 de marzo del 2001, pág. 86
Newsweek, 13 de marzo del 2000, pág. 56
People, 8 de febrero de 1993, pág. 62; 7 de julio de 1997, pág. 70; 20 de marzo del 2000, pág. 53; 19 de marzo del 2001, pág. 88; 16 de julio del 2001, pág. 70; 11 de marzo del 2002, pág. 94; 22 de julio del 2002, pág. 68
Redbook, abril del 2001, pág. 126
Time, 9 de julio del 2001, págs. 60 y 62

DIRECCIÓN

Revolution Studios
Shoelace Productions
50 East 42nd Street
New York, NY 10017

SITIOS WEB

http://www.imdb.com
http://www.eonline.com
http://www.mrshowbiz.com

Alex Rodríguez 1975-

Jugador de béisbol profesional estadounidense con los Rangers de Texas
El deportista mejor pagado del 2000

NACIMIENTO

Alexander Emmanuel Rodríguez nació el 27 de julio de 1975 en la ciudad de Nueva York. Sus padres, Víctor y Lourdes Navarro Rodríguez, inmigrantes de la República Dominicana, eran propietarios de una zapatería que ellos mismos atendían. Alex tiene una hermana, Susy, y un hermano, Joe, ambos mayores.

JUVENTUD

Cuando era niño en Nueva York, Rodríguez pasaba mucho tiempo con su padre en la zapatería de la familia. Casi siempre llevaba un bate grande de plástico rojo. A menudo, el niño corría alrededor de la tienda, dando golpes a cualquier objeto que tuviera al alcance del bate, lo que divertía a los clientes.

Cuando Rodríguez tenía cuatro años, sus padres decidieron regresar a la República Dominicana. Su objetivo al ir a Estados Unidos había sido ahorrar suficiente dinero como para volver a su tierra natal y comprar una linda casa en un vecindario seguro. Vendieron la zapatería de Nueva York y se trasladaron con toda la familia a la ciudad de Santo Domingo, donde inscribieron a los niños en escuelas públicas.

A los cinco años, Rodríguez ya era fanático del béisbol. A menudo jugaba en los partidos que se organizaban en el vecindario, donde los niños de su cuadra desafiaban a los niños de otras calles. Al no tener la fuerza suficiente como para realizar un lanzamiento largo desde el parador corto a la primera base, en esos partidos Rodríguez jugaba como segunda base. "Aquellos partidos fueron de los más intensos en los que he jugado", recuerda en su autobiografía, *Hit a Grand Slam*. "Si perdía, volvía a casa llorando de rabia. Me pasaba la noche entera pensando en las cosas que podríamos hacer para ganar al día siguiente".

> **"**
>
> *Rodríguez a menudo jugaba en los partidos que se organizaban en el vecindario. Al no tener la fuerza suficiente como para realizar un lanzamiento largo desde el parador corto a la primera base, en esos partidos Rodríguez jugaba como segunda base. "Aquellos partidos fueron de los más intensos en los que he jugado. Si perdía, volvía a casa llorando de rabia. Me pasaba la noche entera pensando en las cosas que podríamos hacer para ganar al día siguiente".*
>
> **"**

Cuando Rodríguez tenía ocho años, sus padres pasaron por una mala época. Los problemas económicos en Santo Domingo hicieron que la familia se viera obligada a vender la casa y trasladarse nuevamente a los Estados Unidos, donde se establecieron en las afueras de Miami, Florida. Poco tiempo después de volver a Estados Unidos, sus padres se divorciaron. Fueron tiempos difíciles para el niño. "Siempre creí que mi padre volvería, pero eso nunca sucedió", recuerda. "Todo el amor que sentía por él se lo entregué a mi madre. Ella se lo merecía. Me esforcé por ayudar en la casa y traer buenas notas de la escuela para que mi mamá se sintiera orgullosa".

Cuando sus padres se divorciaron, Rodríguez se dedicó al béisbol, que era lo único que lo hacía sentirse bien. Su gran oportunidad se presentó después de estar un mes observando un equipo local que practicaba detrás de la escuela elemental a la que asistía, esperando tener la oportunidad de jugar. Cuando un día el receptor del equipo no se presentó al entrenamiento, el entrenador, Juan Diego Arteaga, le preguntó a Rodríguez si quería jugar. Aunque tuvo que jugar como receptor (una posición en la que nunca antes había jugado), Rodríguez lo hizo tan bien que a partir de ese momento se unió al equipo de forma permanente.

Además, Arteaga se transformó en un segundo padre para Rodríguez. Como Rodríguez nunca volvió a ver a su padre en persona después del divorcio, el entrenador se convirtió en la figura masculina fuerte que el niño necesitaba. "Tengo tanto que agradecerle", dijo Rodríguez sobre Arteaga, que falleció en 1990. "Fue mi guía . . . y siempre se aseguró de que me cuidaran". El hijo de Arteaga, J.D., también jugaba en el equipo y muy pronto los dos niños se hicieron muy amigos. Los Arteaga vivían a sólo dos cuadras de donde vivía la familia Rodríguez en el suburbio de Kendall en Miami, así que Alex pasaba mucho tiempo en su casa.

En el Boys and Girls Club

Cuando no estaba en la escuela o paseando con J.D., Rodríguez generalmente iba al Hank Kline Boys and Girls Club (Club de niños y niñas Hank Kline). "Era el único lugar al que podía ir", recuerda Rodríguez. "La cuota de socio costaba diez centavos por año. Nos enseñaban a tener confianza en nosotros mismos". En una ciudad llena de peligros, el Boys and Girls Club era un lugar seguro donde los niños podían distraerse sin meterse en líos. Para Rodríguez, el club era "el mejor lugar del mundo".

Rodríguez comenzó a dedicarse en serio al deporte cuando se hizo amigo del director de béisbol del club, Eddy "Gallo" Rodríguez (que no era pariente de Alex aunque tenía el mismo apellido). Gracias a él y a su capacidad como entrenador, el club tenía la reputación de ser uno de los mejores lugares donde se podía jugar al béisbol en la ciudad de Miami. De hecho, Rodríguez había enseñado a varios jugadores que después se dedicaron al béisbol profesional, como José Canseco, Rafael Palmeiro y Danny Tartabull. El entrenador pensaba que el joven Alex tenía el potencial como para jugar algún día junto a estos jugadores en las ligas mayores. "Uno puede ver enseguida cuando un jugador es bueno", dijo Eddy Rodríguez sobre Alex. "Simplemente tienen mejor aptitud física. Pero, de todos los que han atravesado las puertas del club, ninguno se entrenaba tan duro como Alex".

En la época en que empezó a dedicarse al béisbol seriamente, Rodríguez tenía a dos jugadores como sus ídolos: el parador corto Cal Ripken Jr., de los Orioles de Baltimore, y el jardinero Dale Murphy de los Braves de Atlanta. Tenía pósters de ambos jugadores colgados en su cuarto y eligió el número tres para su uniforme porque era el número de Murphy. No era casualidad que, además de ser jugadores All-Star en el campo de juego, tanto Ripken como Murphy fueran hombres respetados y conocidos por su simpatía fuera de él. A la madre de Rodríguez no le importaba que su hijo practicara deportes, pero se aseguró de que Alex comprendiera que lo que hacía fuera del campo de juego era lo más importante. "No me interesa si resultas ser un jugador terrible", le decía. "Simplemente quiero que seas una buena persona".

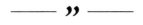

Rodríguez generalmente iba al Hank Kline Boys and Girls Club. "Era el único lugar al que podía ir. La cuota de socio costaba diez centavos al año. Nos enseñaban a tener confianza en nosotros mismos". Para Rodríguez, el club era "el mejor lugar del mundo".

Sin embargo, Rodríguez no era precisamente un jugador terrible. Durante su primera temporada como jugador en el Boys and Girls Club, ganó el título de bateo de la liga. Durante los años en los que jugó en el equipo del club, consiguió para su equipo tres títulos de la ciudad de Miami y dos títulos nacionales. Gracias a las donaciones que recibían, el equipo podía realizar viajes de un mes de duración para enfrentarse a los mejores competidores de la nación. Estos viajes ayudaron a que Rodríguez se convirtiera en un mejor beisbolista, ya que le permitieron poner a prueba sus habilidades frente a varios de los mejores jugadores juveniles del país.

EDUCACIÓN

Mientras Rodríguez crecía, su madre trabajaba en dos empleos a la vez para garantizar que Alex y sus hermanos pudieran asistir a escuelas privadas. Como su familia se mudó varias veces, Alex asistió a cuatro escuelas

Rodríguez escucha mientras los Mariners de Seattle le piden que se una a su equipo entre los aplausos de su madre, a la izquierda, y sus amigos, 3 de junio de 1993.

distintas antes de ir a la preparatoria. En cada una de las escuelas a las que asistió jugó al béisbol y siempre se destacó en el deporte.

Para cuando ingresó a la escuela privada Westminster Christian High School en Miami, Rodríguez se había convertido en un atleta excepcional en varios deportes. Jugaba al fútbol americano, básquetbol y béisbol y se destacó en todos ellos. En fútbol americano, jugaba como quarterback y lideró a su equipo para conseguir un puntaje de 9-1 durante el penúltimo año de la preparatoria. Fue nombrado All-State dos veces y fue reclutado por University of Miami, uno de los mejores programas universitarios de fútbol americano del país. Por un tiempo pensó en dedicarse a dos deportes a la vez cuando entrara a la universidad, pero se dio cuenta de que su futuro estaba en el béisbol, y que sería mejor no arriesgarse a sufrir alguna lesión jugando al fútbol americano. Abandonó el fútbol americano después de su último año en Westminster.

Rodríguez era muy bueno jugando al fútbol americano, pero como beisbolista era aun mejor. Era una verdadera superestrella, acumulando puntajes que lo ubicaban entre los mejores jugadores de béisbol de cualquier escuela del país. Jugando en su posición habitual de parador corto, Rodríguez
bateó un promedio de .419 en las tres temporadas en las que jugó en el
equipo titular de la escuela. Lideró al equipo en la obtención de un récord
asombroso de 86 victorias y sólo 13 derrotas durante esa época.

En 1992, su penúltimo año en la preparatoria, Rodríguez bateó .477 de
promedio con 6 jonrones y 42 bases robadas y lideró a su equipo para
obtener el campeonato estatal escolar de Florida. Los entrenadores también votaron al equipo como el mejor equipo escolar de todo el país.
Durante su temporada estelar en el último año de la escuela, Rodríguez
bateó .505 de promedio con 9 jonrones y 35 bases robadas. Como resultado de sus extraordinarios esfuerzos, Rodríguez fue designado Beisbolista
Juvenil del Año de los EE.UU. y obtuvo el premio nacional al Atleta
Estudiantil del Año otorgado por la firma Gatorade. Además, se convirtió
en el único jugador de preparatoria en ser invitado a presentarse a las
pruebas para formar parte del equipo nacional de los EE.UU. (el equipo
que representa a los Estados Unidos en los Juegos Olímpicos y otras competencias internacionales). No llegó a formar parte de ese equipo, pero
jugó para el Equipo Nacional Juvenil de los EE.UU.

Dejar de lado la universidad para incorporarse a las Ligas Mayores

El plan de Rodríguez era asistir a la universidad después de graduarse de la
preparatoria en 1993, permanecer cerca de su hogar y asistir a University of
Miami, jugando con los Hurricanes, uno de los mejores equipos de béisbol
universitario, que jugaban con frecuencia en la College World Series (Serie
Mundial Universitaria). Asistir a University of Miami le permitiría aprovechar las enseñanzas de algunos de los mejores entrenadores de este deporte y obtener exposición a nivel nacional en la ESPN y otras redes televi-
sivas. Sin embargo, tal como se dieron los hechos, Rodríguez nunca jugó al
béisbol con los Hurricanes.

Rodríguez sabía que los equipos profesionales de béisbol estaban interesados en contratarlo porque varios reclutadores de equipos profesionales
asistían a los partidos en los que él jugaba en la preparatoria. De hecho,
sólo en el partido de apertura de la temporada de su equipo había 68 reclutadores. "Mi madre me dijo que todos los reclutadores están aquí porque han visto algo que les interesa", dijo Rodríguez en aquél momento.
"Ella me dijo: No cambies nunca, sé siempre tú mismo". Sin embargo,
Rodríguez se sorprendió al enterarse de que había sido el primer jugador

seleccionado por los Mariners de Seattle durante el reclutamiento de la ligas mayores de béisbol de 1993.

Como primer jugador seleccionado, Rodríguez sabía que podía firmar un contrato muy importante con los Mariners. Esto le hizo cambiar de opinión acerca de ir a University of Miami. Deseaba asistir a la universidad, pero estaba más decidido a ofrecer seguridad económica a su madre y al resto de la familia. Justo un día antes de la fecha en que debía empezar a ir a clases en University of Miami, firmó un contrato de $1,3 millones de dólares por tres años con los Mariners. De este modo, comenzó su carrera como beisbolista profesional cuando tenía tan sólo 17 años. Los medios de comunicación acortaron el nombre de la nueva sensación del béisbol, llamándolo "A-Rod".

MOMENTOS DESTACABLES DE SU CARRERA

Ligas mayores de béisbol: Los Mariners de Seattle

Rodríguez no estaba totalmente satisfecho por haber sido seleccionado por los Mariners. El equipo había perdido más partidos que los que había ganado prácticamente en todas las temporadas desde que había comenzado su existencia en 1976, y Rodríguez estaba acostumbrado a ganar. Pero nunca dejó que sus dudas sobre el club se reflejaran en el campo de juego. Después de la selección le asignaron para jugar en el equipo de Clase A de los Mariners en las ligas menores. En el béisbol, algunos jugadores empiezan su carrera profesional en las ligas mayores, pero la mayoría comienza jugando en un equipo de las ligas menores, también denominado sistema "de granja". Los equipos de las ligas menores están asociados con los de las ligas mayores. Hay una gran cantidad de ligas menores, que están clasificadas según su nivel de competencia. La mejor es la liga Clase AAA (denominada Triple A); le sigue la Clase AA, luego la Clase A y, a continuación, las ligas de novatos. La esperanza de los jugadores es siempre la de ascender a través del sistema hasta un equipo de Clase AAA y luego a las ligas mayores.

Rodríguez comenzó jugando para el equipo Clase A de los Mariners en Appleton, Wisconsin. Como jugador seleccionado número uno, fue recibido con entusiasmo por los fanáticos de Appleton y disfrutó de su estancia en este lugar. Rápidamente demostró que merecía la alta calificación que había obtenido en la selección, bateando .319 de promedio en 65 partidos y obteniendo la promoción al equipo de Clase AA de los Mariners en Jacksonville, Florida.

Era obvio que Rodríguez era demasiado bueno como para quedarse en las ligas menores por mucho tiempo. A fines de la temporada de 1993, los

Mariners lo citaron para jugar en las ligas mayores, haciendo realidad el sueño de su infancia. A los 18 años, era uno de los jugadores más jóvenes en jugar como parador corto en las ligas mayores. Muchos temían que Rodríguez se sintiera abrumado por la presión de jugar en las ligas mayores siendo tan joven. Sin embargo, hubo un jugador que se aseguró de que esto no sucediera. El jardinero central de los Mariners, Ken Griffey Jr., ampliamente reconocido como uno de los mejores jugadores de béisbol en actividad, tomó al joven parador corto bajo su protección. Griffey se había transformado en profesional a la edad de 19 años, y se aseguró de que el armario de Rodríguez estuviera al lado del suyo. Muy pronto se transformaron en buenos amigos.

Durante los dos años siguientes, Rodríguez jugó alternativamente para los Mariners y su equipo "de granja" principal de la liga menor. Durante su primera permanencia prolongada con el equipo en 1994 tuvo dificultades y como resultado fue enviado de vuelta al equipo Clase AAA en Calgary, donde terminó la temporada. Para desarrollar sus aptitudes, los Mariners le pidieron que jugara en una liga invernal en su país de origen, la República Dominicana. Alex recibió esta oportunidad con esperanza, pero resultó ser una experiencia muy difícil. "Me dieron un puntapié en el trasero; aprendí cuán duro puede ser este juego", admitió.

En 1996, Rodríguez causó sensación en el escenario del béisbol, concretando una de las mejores temporadas que haya tenido un parador corto en la historia del béisbol y ganando múltiples premios. "Las cifras que alcancé durante ese año superaron mis sueños más extravagantes", recuerda Rodríguez. "Me siento asombrado".

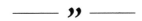

En 1995, Rodríguez fue intercambiado tres veces entre el equipo Triple A de los Mariners y Seattle. Esto le causaba cada vez más frustración, e incluso pensó en dejar el béisbol. Sin embargo, al final pasó gran parte de la temporada en Seattle y pudo ver cómo el equipo llegaba a las eliminatorias por primera vez. Los Mariners derrotaron a los Yankees de New York en un una serie emocionante de cinco partidos por la primera ronda antes de perder con los Indians de Cleveland en la segunda ronda. Rodríguez sólo bateó .232 de promedio durante esa temporada, pero mostró suficientes destellos de su capacidad como para convencer a los Mariners de que estaba listo para ser el parador corto titular del equipo cuando comenzara la siguiente temporada.

Rodríguez conectando con la pelota, 9 de septiembre de 1998.

La mejor temporada de la historia para un parador corto

En 1996, Rodríguez causó sensación en el escenario del béisbol, concretando una de las mejores temporadas que haya tenido un parador corto en la historia del béisbol. Se convirtió en el tercer jugador más joven en ganar el título de bateo de la American League al batear .358 de promedio. Además, fue el líder de la liga en hits conectados con 215, en dobles con 54 y en carreras obtuvo una puntuación de 141. También logró 36 jonrones, anotó 123 carreras y totalizó 91 hits extra base. Fue el parador corto que obtuvo más carreras, hits, dobles y hits extra base y con las 379 bases totales empató el récord de todos los tiempos para un parador corto, que estaba en poder de Ernie Banks.

Los esfuerzos de Rodríguez se vieron recompensados y se transformó en el parador corto más joven en ser votado para formar parte del equipo All-Star. Además, *Sporting News* lo designó como Jugador del Año de las Ligas Mayores, y perdió la votación para obtener el prestigioso título de Jugador Más Valioso por sólo dos votos. "Las cifras que alcancé durante ese año superaron mis sueños más extravagantes", recuerda Rodríguez. "Me siento asombrado".

En 1997, Rodríguez empezó muy bien la temporada, pero se presentaron complicaciones cuando sufrió un fuerte golpe en el pecho al chocar con el lanzador de los Yankees, Roger Clemens, en la base de home. A pesar de estar un tiempo entre los jugadores incapacitados, pudo completar una excelente temporada. Nuevamente volvió a batear .300 de promedio, obtuvo 100 carreras y lideró a los Mariners con 29 bases robadas. "Estoy orgulloso de la forma en que pude volver y mantenerme en la alineación", declaró. "Creo que estaba en un 60 por ciento de mi capacidad cuando volví a jugar. Estoy más orgulloso de lo realizado en 1997 que de lo que logré en 1996 porque pude volver a jugar con un buen nivel a pesar del dolor".

Durante las tres temporadas siguientes, Rodríguez se ganó un lugar entre los mejores jugadores de la liga. En 1998, se convirtió en el tercer jugador

> ——— **"** ———
>
> *Durante las tres temporadas siguientes, Rodríguez se ganó un lugar entre los mejores jugadores de la liga. En 1998, se convirtió en el tercer jugador de la historia de las ligas mayores en batear más de 40 jonrones y robar más de 40 bases. "Estaba emocionado. Increíble, estupendo, grandioso: es imposible expresar en palabras cómo me sentía."*
>
> ——— **"** ———

de la historia de las ligas mayores en batear más de 40 jonrones y robar más de 40 bases. "Estaba emocionado", dijo después de este logro extraordinario. "Increíble, estupendo, grandioso: es imposible expresar en palabras cómo me sentía". Rodríguez fue nombrado como uno de los líderes de la liga en casi todas las categorías ofensivas de esa temporada, con 42 jonrones, 46 bases robadas, 213 hits, 123 carreras y 124 carreras impulsadas. En 1999, Rodríguez sufrió una lesión en un cartílago y no pudo jugar por 32 partidos, pero a pesar de ello tuvo una temporada sensacional. Aunque su promedio de bateo bajó a .285, pudo conectar 42 jonrones, impulsó 111 carreras y anotó 110.

En el 2000, Rodríguez obtuvo cifras que prácticamente igualaron a las de su campaña de 1996, y esta vez lideró a su equipo a las eliminatorias. Ken Griffey Jr. había dejado Seattle durante el receso de la temporada, lo que significaba que por primera vez los Mariners serían considerados como el equipo de Rodríguez. Rodríguez respondió bateando .316 de promedio y terminó entre los diez primeros en casi todas las demás categorías ofensivas, incluyendo carreras (134), jonrones (41), carreras impulsadas (132), promedio de slugging (.606), hits extra base (77), bases totales (336) y caminatas (100). Durante las eliminatorias, lideró a los Mariners a la victoria en los tres partidos que jugaron con Chicago y luego bateó .409 de promedio en la serie del campeonato de la liga contra los campeones mundiales, los Yankees de New York, que defendían el título. Sin embargo, a pesar de su extraordinario desempeño en el plato, los Mariners no consiguieron superar a los Yankees, y perdieron la serie por cuatro partidos a dos.

> "
>
> *El propietario de los Rangers, Tom Hicks, asombró al mundo del deporte al firmar un contrato por el que Rodríguez cobraría una cifra de $252 millones de dólares transformándolo en el jugador mejor pagado de todos los deportes. A pesar de las críticas, Hicks no se dio por aludido. "A nuestro juicio, Alex quebrará todos los récords que existen en el béisbol antes de terminar su carrera . Y es un atleta de gran valor para la comunidad y los fanáticos".*
>
> "

Firma de un contrato millonario con los Rangers de Texas

Después de su brillante temporada del 2000, Rodríguez debía firmar un nuevo contrato: un contrato que sin duda lo convertiría en uno de los jugadores mejor pagados de todos los deportes. Como independiente, podía firmar un contrato con cualquier equipo de las ligas mayores, y deseaba estudiar las opciones de las que disponía. Consideraba que le habían pagado menos que lo justo durante su carrera con los Mariners y, aunque le encantaba jugar en Seattle, sabía que también podría triunfar en cualquier otra ciudad. Durante un tiempo, pareció que los Mariners harían una oferta lo suficientemente buena como para retener al joven superastro. Pero finalmente, fue una oferta casi increíble de los Rangers de Texas la que resultó vencedora.

Rodríguez en el aire mientras Jacques Jones de los Twins de Minnesota se desliza a su lado en un intento por lograr un doble juego, 3 de junio del 2001.

El propietario de los Rangers, Tom Hicks, asombró al mundo del deporte al firmar un contrato de 10 años por el que Rodríguez cobraría una cifra nunca vista: $252 millones de dólares. Incluyendo las bonificaciones y el salario diferido, Rodríguez obtendría un promedio de $25,2 millones de dólares por cada año durante 10 años. La cantidad del contrato duplicaba a la cantidad del que hasta ese momento había sido el contrato más caro del mundo del béisbol y transformó a Rodríguez en el jugador mejor pagado de todos los deportes. Los medios de comunicación y los propietarios de los otros equipos no tardaron en criticar a Hicks, pero Hicks no se dio por aludido. "A nuestro juicio, Alex quebrará todos los récords que existen en el béisbol antes de terminar su carrera", explicó. "Es un atleta de gran valor para la comunidad y los fanáticos". Hicks y otros funcionarios de los Rangers consideraban que Rodríguez era tan popular que podía atraer suficientes nuevos aficionados al estadio de béisbol como para compensar la cifra que se le pagaba por el jugoso contrato.

———— **"** ————

Rodríguez estaba decidido a no permitir que su nuevo salario cambiara su forma de jugar o disfrutar del béisbol. "No creo que el dinero cambie a la gente. Uno tiene que recordar que el dinero no nos convierte en lo que somos. Es posible que yo gane mucho dinero y que la gente haga un gran escándalo sobre ese tema, pero yo sigo considerándome simplemente como un beisbolista . . . Por alguna razón, la gente cree que si uno gana mucho dinero como deportista en estos días, uno debe ser un pelmazo".

———— **"** ————

Rodríguez consideró su traslado a Texas como "una decisión económica y para favorecer su carrera". Decidió ignorar los ataques de los críticos, que dijeron que era codicioso y que el pago que recibía era excesivo. "Se me ridiculizó durante cuatro años por mi contrato en Seattle; todos decían que me pagaban demasiado poco", reveló. "Ahora dicen que me pagan en exceso. He alcanzado todo lo que deseaba. Más allá de todo, me siento mimado. Siento que mi vida es un sueño. Mi talento, el don con el que "el de arriba" me ha bendecido, ha traído como resultado el contrato que firmé. Pero mi trabajo y mi amor por el juego están por encima de todo eso. La gente pensará lo que quiera. Sólo me preocupan las personas que amo y que me aman".

Rodríguez estaba nervioso al empezar a trabajar con el equipo, preocupado acerca de la posible reacción de los otros jugadores. "Me sentí como si fuera de nuevo el primer día de clases", dijo. "Sin embargo, los veteranos del equipo me facilitaron las cosas. Me querían en el equipo. Eso me hizo sentir bienvenido". Rodríguez impresionó a sus nuevos compañeros de equipo al no comportarse como un figurón o un sabelotodo, al hacer muchas preguntas, trabajar duro y ponerse en excelentes condiciones físicas. Estaba decidido a no permitir que su nuevo salario cambiara su forma de jugar o disfrutar del béisbol. "No creo que el dinero cambie a la gente", dijo Rodríguez. "Uno tiene que recordar que el dinero no nos convierte en lo que somos. Es posible que yo gane mucho dinero, y que la gente haga un gran escándalo sobre ese tema, pero yo sigo considerándome simplemente como un beisbolista". También dice que la gente se asombra al descubrir que es una persona agradable. "Por alguna razón, la gente cree que si uno gana mucho dinero como deportista en estos días, uno debe ser un pelmazo".

Sin embargo, Rodríguez reconoció que los fanáticos de los Rangers esperan que conecte un jonrón cada vez que se para en el plato para justificar la enorme cantidad de dinero que cobra. "La presión existe", admitió, "pero creo que es una presión positiva. Me siento como un novato, como si tuviera que probarme a mí mismo de nuevo, y no le pienso fallar ni a los fanáticos ni al equipo".

Su temporada del 2001 fue un éxito a pesar del desempeño pobre de los Rangers. Obtuvo 201 hits y 52 jonrones, bateando .318 de promedio general. Durante el 2002, conectó más jonrones que en cualquiera de las temporadas anteriores (57), totalizando 298 jonrones durante las nueve temporadas de su carrera. Se colocó en segundo lugar en la elección del Jugador más Valioso de la American League del 2002, detrás del parador corto de Oakland, Miguel Tejada. "Esta será una buena motivación para trabajar más duro y mejorar", dijo Rodríguez.

Con sólo 28 años, Rodríguez todavía tiene varios años de carrera por delante. Muchos observadores esperan que quiebre una cantidad de récords que están vigentes desde hace tiempo antes de retirarse. Está en camino de quebrar el récord de jonrones de Hank Aaron, el más alto de todos los tiempos, por ejemplo, y ya está casi entre los 10 mejores jugadores de la historia en casi todas las categorías ofensivas para paradores cortos. Según Cal Ripken, Jr., el héroe de Rodríguez cuando era niño, "Alex tiene una excelente oportunidad para transformarse en el mejor parador corto de todos los tiempos".

HOGAR Y FAMILIA

Rodríguez aún no se ha casado y de hecho se le considera como uno de los solteros más codiciados de todo el mundo. Ha sido votado dos veces como una de las 50 personas más bellas del mundo en la encuesta de la revista *People*. También le gusta la ropa y siempre se lo ve muy bien vestido cuando aparece en público. "Desde que era niño, a partir de los 10 años, siempre deseé verme elegante", admite.

Rodríguez tiene varias propiedades en Preston Hollow, un suburbio exclusivo de Dallas, y en Kendall, el suburbio de Miami donde vivió cuando era niño. Su familia sigue siendo una parte importante de su vida. Sus herma-

Rodríguez con los niños del Boys and Girls Club en Miami.

nos se ocupan de las actividades comerciales y las obras de caridad en las que Alex está involucrado.

A Rodríguez también le gusta pasar el tiempo con sus amigos. Uno de sus mejores amigos es el parador corto Derek Jeter, de los Yankees de New York. Ambos jugadores son jóvenes, talentosos y solteros y disfrutan de las cosas buenas de la vida. Cuando sus equipos se enfrentan, se hospedan el uno en la casa del otro. "Lo especial de esta relación es que nos apoyamos en las buenas y en las malas", dice Rodríguez de su amigo. "Podemos conversar entre nosotros acerca de nuestras frustraciones".

PASATIEMPOS Y OTROS INTERESES

Durante el receso de la temporada, Rodríguez se divierte jugando al golf, al básquetbol y los videojuegos. También le gustan los automóviles y tiene un Land Rover y un Mercedes. Tiene un perro, un pastor alemán llamado Ripper, que le fue regalado por José Canseco.

Rodríguez sigue manteniendo estrechas relaciones con el Boys and Girls Club de Miami. Todos los inviernos vuelve al club y les dedica tiempo a los niños, a veces seis días a la semana. También realiza donaciones de elementos deportivos y otros suministros que sean necesarios. Alex donó un millón de dólares para construir campos de béisbol para el club y, en la actualidad, el estadio de béisbol se llama Alex Rodríguez Baseball Field. Habla casi todos los días con su antiguo entrenador, Eddy Rodríguez, y cuando habla de él dice que ha sido "la persona que más influyó en mi vida".

Rodríguez contribuye con instituciones de caridad de otras maneras. Durante el receso de la temporada, visita regularmente las escuelas elementales para conversar con los niños y enfatizar la importancia de contar con una buena educación. Durante sus charlas, pone

Rodríguez reconoció que los fanáticos de los Rangers esperan que conecte un jonrón cada vez que se para en el plato para justificar la enorme cantidad de dinero que cobra. "La presión existe", admitió, "pero creo que es una presión positiva. Me siento como un novato, como si tuviera que probarme a mí mismo de nuevo, y no le pienso fallar ni a los fanáticos ni al equipo".

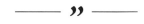

énfasis en cuatro áreas: matemáticas, lectura, buena salud y civismo, a las que llama el "grand slam" del éxito para los jóvenes. En 1998, organizó la Fundación Alex Rodríguez para el desarrollo de sus actividades caritativas. En el 2001, el primer año que jugó en Texas, compró entradas para los partidos donde los Rangers jugaban como locales y las distribuyó entre los Boys and Girls Clubs de todo el estado.

Dado que uno de los objetivos de su madre era que sus hijos se graduaran en la universidad, Rodríguez ha comenzado a asistir a clases en Miami-

Dade Community College. Eventualmente, espera inscribirse en University of Miami. "La mente es como cualquier otro músculo", dice. "Si no la utilizas, deja de funcionar". Rodríguez también se esmera en ampliar su vocabulario e incorporar nuevas palabras en la conversación.

PUBLICACIONES

Hit a Grand Slam, 1998 (con Greg Brown)

PREMIOS Y DISTINCIONES

USA Baseball Junior Player of the Year (beisbolista juvenil del año de los EE.UU.): 1992

Gatorade National Scholar-Athlete of the Year (premio Gatorade al deportista escolar nacional del año): 1992

Associated Press Player of the Year (premio de la Associated Press al jugador del año): 1996

Major League Baseball All-Star Team (equipo All-Star de béisbol de las ligas mayores): 1996, 1997, 1998, 1999, 2000, 2001, 2002

Silver Slugger Award (premio Silver Slugger): 1996, 1998, 1999

Sporting News Major League Player of the Year (Premio *Sporting News* al jugador del año de las ligas mayores): 1996

Players' Choice American League Player of the Year (jugador del año de la American League elegido por los jugadores): 1998

MÁS INFORMACIÓN

En español

People en Español, junio del 2001, pág. 57

Semana, 28 de junio del 2001, pág.25; 22 de diciembre del 2000, pág. 17

En inglés

Baseball Digest, julio del 2000, pág. 40; diciembre del 2000, pág. 60; mayo del 2001, pág. 34; marzo del 2002, pág. 24

Esquire, abril del 2001, pág. 100

New York Times, 17 de diciembre del 2000, pág. H10; 22 de febrero del 2001, pág. D1

Newsweek, 9 de abril del 2001, pág. 54

People, 11 de mayo de 1998, pág. 157; 25 de diciembre del 2000, pág. 75; 16 de abril del 2001, pág. 83; 14 de mayo del 2001, pág. 131

Sports Illustrated, 8 de julio de 1996, pág. 38; 24 de febrero de 1997, pág. 50; 18 de diciembre del 2000, pág. 102; 9 de abril del 2001, pág. 56; 9 de septiembre del 2002, pág. 34

Sports Illustrated for Kids, 1 de julio del 2001, pág. 29; 1 de mayo del 2002, pág. 59

Time, 4 de diciembre del 2000, pág. 63

DIRECCIÓN

Texas Rangers
The Ballpark in Arlington
1000 Ballpark Way
Arlington, TX 76011

SITIOS WEB

http://www.mlb.com
http://rangers.mlb.com
http://www.bigleaguers.com

J. K. Rowling 1965-
Escritora británica de literatura infantil
Autora de las novelas premiadas de *Harry Potter*

NACIMIENTO

Joanne Kathleen Rowling (que se pronuncia "roling") nació en las afueras de Bristol, una ciudad del sur de Inglaterra, el 31 de julio de 1965. Ella y su hermana menor, Di, eran hijas de padres de clase media. Su padre, Peter, era gerente de una fábrica de aviones y su madre, Ann, era técnica de laboratorio.

JUVENTUD

Cuando era niña, a Rowling le gustaba leer libros y contar historias. De hecho, escribió su primer cuento, sobre un conejo que se enferma de sarampión, cuando sólo tenía cinco o seis años. Continuó escribiendo cuentos durante toda su infancia, pero admite que rara vez se los mostraba a alguien porque tenía miedo de que se burlaran de ellos.

Rowling vivió durante los primeros nueve años de su vida en una ciudad inglesa llamada Winterbourne. Ella y su hermana solían pasar horas jugando fuera de la casa con otros niños del vecindario. Años más tarde, utilizó el apellido de dos de sus compañeros de juego en los cuentos que escribía. "[Dos de los niños, un varón y una niña] eran hermanos y se llamaban Potter", explicó. "Siempre me gustó ese apellido, pero en realidad siempre me gustaban más los apellidos de mis amigos que el mío propio.

Cuando Rowling tenía nueve años, ella y su familia se mudaron a un pequeño pueblo llamado Tutshill, en una región de Inglaterra llamada Forest of Dean. "Finalmente vivíamos en el campo, que era lo que mis padres siempre habían soñado", recuerda Rowling. "Mi hermana y yo pasábamos la mayor parte del tiempo vagando sin que nos vigilaran por los campos y por el río Wye".

Cuando era adolescente, Rowling a menudo se sentía torpe e insegura de sí misma. "Era callada, pecosa, miope y muy mala para los deportes", recuerda. "Mi materia favorita era por muy encima de las demás Lengua Inglesa, pero también me gustaban los otros idiomas. Solía contarle a mis amigos, que también eran callados y estudiosos, largas series de historias durante el almuerzo. Por lo general, las historias eran sobre todos nosotros,

Cuando era adolescente, Rowling a menudo se sentía torpe e insegura de sí misma. "Era callada, pecosa, miope y muy mala para los deportes", recuerda. "Mi materia favorita era por muy encima de las demás Lengua Inglesa, pero también me gustaban los otros idiomas. Solía contarle a mis amigos, que también eran callados y estudiosos, largas series de historias durante el almuerzo. Por lo general, las historias eran sobre todos nosotros, y en ellas realizábamos actos heroicos y arriesgados, que por cierto no habríamos hecho en la vida real".

y en ellas realizábamos actos heroicos y arriesgados, que por cierto no habríamos hecho en la vida real".

Cuando Rowling tenía 15 años, se enteró de que a su madre le habían diagnosticado esclerosis múltiple (EM), una enfermedad crónica que debilita el sistema nervioso central y daña la médula espinal. "No tenía idea de que la EM la atacaría tan rápido", dijo. La madre de Rowling finalmente murió debido a la enfermedad en 1990. "Ella sabía que yo escribía cuentos, pero nunca llegó a leer ninguno de ellos", cuenta Rowling. "¿Se imaginan cuánto me arrepiento de eso?".

EDUCACIÓN

Rowling comenzó a asistir a la escuela en Winterbourne, pero la mayor parte de su educación primaria y secundaria la cursó en el sistema escolar de Tutshill. Cuando asistió por primera vez a la escuela en Tutshill, a los nueve años, tuvo problemas para adaptarse al plan de estudios. Por ejemplo, cuando le tomaron allí su primera prueba de matemáticas, la prueba incluía fracciones. Rowling no había aprendido fracciones en la escuela anterior, así que no pasó la prueba. Como resultado, recuerda que su maestra, la Sra. Morgan, "me sentó en la fila de bancos que estaba más a su derecha. Tardé unos días en darme cuenta de que me había hecho sentar en la fila para 'estúpidos'. La Sra. Morgan asignaba los lugares de los alumnos en la clase según cuán inteligentes consideraba que eran: los más inteligentes a su izquierda, y todos aquellos a los que consideraba obtusos se sentaban a su derecha. Yo estaba sentada en el lugar más lejos a su derecha en el que podía sentarme sin salir al patio de recreo". Eventualmente, Rowling le demostró a la Sra. Morgan y a los demás maestros que era una niña capaz e inteligente, pero nunca se olvidó de la forma en que la Sra. Morgan la trató durante las primeras semanas en la escuela.

Rowling se graduó en la Wyedean Comprehensive School (el equivalente británico de la preparatoria) a principios de la década de 1980. Entonces se inscribió en University of Exeter, una universidad ubicada en el sur de Inglaterra. Se graduó pocos años después y obtuvo títulos en Literatura Francesa y Clásica.

ELIGIENDO UNA CARRERA

Luego de graduarse en Exeter, Rowling fue a Londres para trabajar en Amnistía Internacional, que es una organización de defensa de los derechos humanos que se dedica a ayudar a las personas de todo el mundo que han sido arrestadas injustamente o torturadas debido a sus creencias o actividades políticas. Sin embargo, varios meses después, se mudó a Manchester, Inglaterra, para poder estar con quien en ese momento era su novio.

Poco después de llegar a Manchester, Rowling encontró trabajo como secretaria. "Desafortunadamente, soy una de las personas más desorganizadas del mundo y, como pude comprobar posteriormente, la peor secretaria de la historia", recuerda. "Lo único que me gustaba del trabajo de oficina era que podía escribir cuentos en la computadora cuando nadie me veía. Nunca prestaba demasiada atención durante las reuniones porque generalmente estaba garabateando partes de mis cuentos más recientes en los márgenes del cuaderno de notas o seleccionando nombres apropiados para los personajes".

Cuando la relación de Rowling con su novio llegó a su fin, ella decidió abandonar su puesto como secretaria y dedicarse a otra cosa. En 1990 se fue a vivir a Portugal, un país situado en el sudoeste de Europa, para enseñar inglés como idioma extranjero. A los pocos meses de su llegada, ya se había acostumbrado a un estilo de vida placentero y reposado. "Me encantaba enseñar inglés", dijo, "y como trabajaba durante la tarde y la noche, tenía la mañana libre para poder dedicarme a escribir".

> *"Lo único que me gustaba del trabajo de oficina era que podía escribir cuentos en la computadora cuando nadie me veía. Nunca prestaba demasiada atención durante las reuniones porque generalmente estaba garabateando partes de mis cuentos más recientes en los márgenes del cuaderno de notas o seleccionando nombres apropiados para los personajes".*

MOMENTOS DESTACABLES DE SU CARRERA

Cómo nació Harry Potter

La historia en la que Rowling trabajó principalmente durante sus primeros meses de estadía en Portugal era un cuento para niños sobre un niño extraordinario llamado Harry Potter. "Estaba en un tren, mirando unas vacas por la ventanilla . . . sin pensar en nada en especial y la idea de Harry se encendió en mi cabeza como un destello", recuerda Rowling. "Cuando se me ocurrió esta idea, fue algo extraño y maravilloso. Siempre había escrito

cuentos y siempre había deseado ser escritora, pero nunca había pensado en escribir para niños".

Durante el viaje en tren, Rowling pudo desarrollar en su imaginación un cuento entero sobre Harry. Durante los meses siguientes, comenzó a escribir su imaginativa historia. También continuó trabajando como maestra y se casó con Jorge Arantes, un periodista de televisión portugués. Durante un tiempo, parecía que su vida marchaba perfectamente. Sin embargo, en 1993 el matrimonio de Rowling fracasó y entonces decidió regresar al Reino Unido.

Tiempos difíciles

Cuando Rowling dejó a su marido en diciembre de 1993, se fue con su hija, Jessica, de sólo cuatro meses. Muy pronto se estableció en Edimburgo, Escocia, donde trató de reconstruir su vida. "Nunca pensé que me encontraría en una situación semejante", declaró. "La cuestión es que al abandonar a mi marido portugués tuve que dejar el país donde tenía mi hogar y mi trabajo como maestra. Mi hermana vivía en Edimburgo, pero yo no tenía ningún amigo. Cuando llegué, me sentí completamente sola".

Los años siguientes fueron muy difíciles para Rowling. Deseaba volver a dar clases, pero se dio cuenta de que no obtendría dinero suficiente como para contratar a alguien que cuidara a su hija durante el día. Por lo tanto, decidió ocuparse ella misma de Jessica, aunque esto significaba que debía depender de la asistencia social del gobierno. "Es muy, muy difícil para una madre soltera escapar de la pobreza en Gran Bretaña, y estoy segura de que lo es también en EE.UU.", explica Rowling. "Si te hundes hasta cierto punto, es increíblemente difícil salir, porque no se tiene dinero para el cuidado de los niños. Si no tienes a alguien que cuide a tus hijos, no puedes trabajar . . . Es lo más desgarrador del mundo. Hubo noches en las que le daba de comer a Jessica y yo no comía. Todo me había salido mal . . . salvo mi hija".

A veces, la situación hacía que Rowling se sintiera muy deprimida. Sin embargo, a pesar de todo, nunca dejó de trabajar en la historia de Harry Potter. De hecho, eventualmente reconoció que escribir sobre Harry y sus aventuras le daba un apoyo emocional muy necesario. "Mientras escribía sentía que no había perdido mi identidad por completo", dijo. "Este libro

——— *"* ———

"Estaba en un tren, mirando unas vacas por la ventanilla . . . sin pensar en nada en especial y la idea de Harry se encendió en mi cabeza como un destello. Cuando se me ocurrió esta idea, fue algo extraño y maravilloso. Siempre había escrito cuentos y siempre había deseado ser escritora, pero nunca había pensado en escribir para niños".

——— *"* ———

me permitió mantener la cordura. Salvo mi hermana, no conocía a nadie [en Edimburgo]. Nunca había estado tan en bancarrota y lo poco que había podido ahorrar lo gasté en las cosas que necesitaba mi bebé. Después de mi matrimonio, después de haber trabajado durante toda mi vida, de repente era una madre soltera desempleada que vivía en una covacha, un horrible y pequeño departamento. El manuscrito era lo único que seguía estando a mi favor".

———— **"** ————

"La única forma en que conseguía que mi bebé se durmiera durante el día era llevándola a pasear. De modo que la colocaba en el cochecito y la paseaba por las calles y, cuando se quedaba dormida, yo corría al café más cercano [para continuar escribiendo] . . . Pasé mucho tiempo en los cafés y muy pronto descubrí cuáles eran los cafés de Edimburgo en los que me permitían sentarme durante dos horas delante de una sola taza de café frío, mientras mi hija dormía".

———— **"** ————

Los lugares favoritos en los que a Rowling le gustaba escribir eran pequeñas confiterías o cafés diseminados por toda la ciudad. "La única forma en que conseguía que mi bebé se durmiera durante el día era llevándola a pasear", recuerda Rowling. "De modo que la colocaba en el cochecito y la paseaba por las calles y, cuando se quedaba dormida, yo corría al café más cercano [para continuar escribiendo] . . . Pasé mucho tiempo en los cafés y muy pronto descubrí cuáles eran los cafés de Edimburgo en los que me permitían sentarme durante dos horas delante de una sola taza de café frío, mientras mi hija dormía". También escribía por la noche, mientras Jessica dormía. "Esta es la parte que me enorgullece", dijo, "el esfuerzo y la voluntad que puse en esto. Es la prueba más positiva de lo mucho que deseaba escribir la historia de Harry".

Finalmente, en 1995, Rowling terminó de escribir su libro, llamado *Harry Potter y la piedra filosofal (Harry Potter and the Sorcerer's Stone)*. Rowling le envió el manuscrito a varias editoriales y muchas lo rechazaron. Un agente literario llamado Christopher Little, a quien la historia le había encantado, la ayudó a encontrar una editorial que publicara su libro. "Pasó un año desde que terminé el libro hasta que encontré una editorial que quisiera comprarlo", recuerda Rowling. "El día en que me dijeron que iban a publicar el libro de Harry fue uno de los más maravillosos de mi vida".

Harry Potter y la piedra filosofal

Harry Potter y la piedra filosofal cuenta la historia de Harry, un niño que queda huérfano siendo bebé y es enviado a vivir con unos tíos que lo tratan muy mal. Pero también hay algo misterioso sobre Harry. "Harry [es] un niño que no sabe que es brujo; él siempre ha sido capaz de hacer que ocurran cosas extrañas, pero siempre de forma inconsciente, por lo general cuando está asustado o enojado", explica Rowling. "Para su sorpresa, su nombre ha estado registrado en una maravillosa escuela de brujería y magia desde el momento de su nacimiento. Pero él no lo sabe, porque los parientes con los que vive esperan que si lo tratan lo suficientemente mal, podrán hacer desaparecer la magia que lleva adentro. Saben que él es brujo, pero nunca se lo han dicho".

Sin embargo, el día que cumple once años, Harry recibe la visita de un gigante amistoso que le cuenta acerca de sus poderes mágicos. Entonces el gigante lo lleva al Colegio Hogwarts de Magia y Hechicería, donde Harry descubre que sus verdaderos padres eran brujos legendarios. Junto con dos compañeros de estudio, se ve envuelto en una serie de grandes aventuras, entre ellas traer a escondidas a la escuela un dragón bebé, luchar contra trolls gigantes, jugar partidos de Quidditch (un juego en el que los participantes vuelan en escobas y las pelotas que se utilizan tienen vida propia) y la búsqueda desesperada de un objeto mágico llamado la Piedra Filosofal.

Una sensación editorial

Cuando en junio de 1997 se publicó la novela de Rowling, causó inmediata sensación en el mundo editorial británico. Favorecido por las críticas positivas que obtuvo entre los críticos literarios y los propietarios de librerías, *Harry Potter y la piedra filosofal* se convirtió en un resonante éxito de ventas. Un crítico del *Times* de Londres elogió a Rowling diciendo que era "una autora nueva y brillante llena de ideas deliciosas, personajes gloriosos y diálogos ingeniosos", mientras que el *Sunday Times* dijo que la novela era "muy graciosa, imaginativa, una historia mágica que podían leer desde los niños de diez años hasta los adultos". Un crítico del *The Scotsman* incluso escribió que "si no puedes comprar o pedir prestado ningún otro libro durante este verano para los jóvenes lectores de la familia, el libro que debes conseguir es una copia de *Harry Potter y la piedra filosofal*". A los niños británicos también les encantó y le otorgaron el Children's Book Award (Premio al Mejor Libro Infantil), basándose en los votos emitidos por 60.000 niños.

Harry Potter y la piedra filosofal también se convirtió en un gran éxito de ventas cuando algunos meses después fue publicado en los EE.UU. Los críticos compararon el estilo y el talento de Rowling con el de escritores legendarios de literatura infantil como C. S. Lewis y Roald Dahl, y tanto los niños como los adultos elogiaron al libro por su estilo inteligente y su trama emocionante. A Rowling no la sorprendió el hecho de que a los adultos les gustara la novela. "Si es un buen libro, cualquiera puede leerlo", dijo. "Yo no siento ninguna vergüenza en seguir leyendo las cosas que me gustaban cuando era niña".

No obstante, la magnitud de la reacción del público y de los críticos ante las aventuras de Harry Potter asombraron a Rowling. "Nunca esperé ganar dinero [con la historia]", explica. "Siempre consideré a Harry Potter como nada más que un librito singular. Me gustaba y trabajé duro para escribirlo, pero ni en mis sueños más desbordados me imaginé que recibiría tanto dinero como adelanto". Al ver que las editoriales británicas y estadounidenses se precipitaban para contratarla para que escribiera otros libros sobre Harry y sus amigos mágicos, Rowling se dio cuenta de que sus días de pobreza habían terminado. "Lo principal es este profundo sentimiento de alivio", declaró Rowling, quien en 1997 aceptó escribir una serie de siete libros acerca de Harry. "Ya no tengo esa preocupación constante de pensar si a [Jessica] los zapatos le quedarán chicos antes de que pueda comprarle otros. Uno no tiene la más leve idea de lo descorazonador que es no tener dinero hasta que uno se enfrenta a una situación semejante. Uno pierde por completo la autoestima".

> "Nunca esperé ganar dinero [con la historia]. Siempre consideré a Harry Potter como nada más que un librito singular. Me gustaba y trabajé duro para escribirlo, pero ni en mis sueños más desbordados me imaginé que recibiría tanto dinero como adelanto".

Desde el verano de 1999, *Harry Potter y la piedra filosofal* se mantuvo en la lista de libros más vendidos del *New York Times* y *Publishers Weekly*. Dos años después de su publicación original, Rowling seguía sintiendo gratitud por la cálida recepción que tuvo el libro. "Siento un enorme alivio porque ahora mi hija y yo tenemos una situación financiera asegurada, y todavía estoy un poco aturdida porque me pagan por hacer lo que más amo en el mundo", dijo. Sin embargo, expresó su disgusto acerca de la forma en que algunas revistas y periódicos describieron su ascenso al éxito. "Cuando se publicó *Harry Potter*, parecía que había un aura de asombro ante el hecho de que una madre soltera pudiera crear algo que valiera la pena, lo que es bastante ofensivo", dijo. "Me gustaría que otras mujeres consideraran lo que he hecho como una inspiración, pero por otra parte sé que tuve mucha suerte. Yo tenía un 'talento vendible', por decirlo crudamente, y también tenía educación, de modo que incluso si no hubiera escrito el libro, hubiera tenido los medios para reconstruir mi vida".

Harry Potter y la cámara secreta

En septiembre de 1998, Rowling publicó su segundo libro de la serie de Harry Potter en Inglaterra. En esta continuación, llamada *Harry Potter y la cámara secreta (Harry Potter and the Chamber of Secrets)* Harry vuelve al Colegio Hogwarts para cursar el segundo año de magia, y se encuentra con un terrible monstruo que se ha escapado de la Cámara Secreta y convierte a los estudiantes en piedra. Una vez más, Harry debe enfrentarse al malvado Voldemort, y debe habituarse a que algunos de sus compañeros de clase sospechen que es responsable de que el malvado monstruo aterrorice a Hogwarts. El libro además es cómico, en especial gracias a personajes como Gilderoy Lockhart, el nuevo y ególatra Profesor de Defensa contra las Artes Tenebrosas, y Myrtle la Llorona, un espíritu que vive en el baño de niñas. Una vez más, el pendenciero Draco Malfoy pone en aprietos a Harry y una vez más, Harry hace lo suyo para que Gryffindor obtenga el campeonato en el campo de Quidditch.

Harry Potter y la cámara secreta resultó ser tan popular como el primer libro de Harry Potter. De hecho, cuando salió a la venta en junio de 1999, se convirtió en el libro más vendido en los Estados Unidos. Una vez más, lectores de todas las edades y los críticos literarios estuvieron de acuerdo en que las aventuras de Harry Potter y los demás habitantes del Colegio Hogwarts de Magia y Hechicería eran maravillosamente entretenidas. "Lo mejor que pueden hacer quienes necesiten un poco de magia, enseñanzas morales y mundos místicos es abrir *Harry Potter y la cámara secreta*", afirmó uno de los críticos literarios de *Newsweek*. "Es posible que Rowling también se haya

graduado en Hogwarts, porque su capacidad para crear historias atractivas, imaginativas, cómicas y que, por encima de todo, hacen que nuestro corazón se acelere es simplemente mágica".

Harry Potter y el prisionero de Azkabán

Una vez que los dos primeros libros de la serie de Harry Potter estuvieron terminados, Rowling se puso a escribir *Harry Potter y el prisionero de Azkabán (Harry Potter and the Prisoner of Azkaban)*. Este volumen de la serie abarca el tercer año de Harry en Hogwarts, y en él Harry y sus compañeros se ven amenazados por la maléfica presencia de Sirius Black, un secuaz de Voldemort que se ha escapado de Azkabán, la prisión en la que están encerrados los brujos malos y que se dedica a perseguir a Harry. Para proteger a los alumnos, Hogwarts es patrullada por los siniestros guardias de Azkabán. A medida que se desarrolla la historia, Harry (y los lectores) van obteniendo más información acerca de los padres de Harry. Una vez más, Harry debe enfrentarse con el poder de la maldad y, al hacerlo, aprende más acerca de su herencia . . . y de sí mismo.

La historia de la publicación del tercer volumen es interesante. La edición británica salió a la venta el 8 de julio de 1999 a las 3:45 P.M. Los editores querían asegurarse de que los niños británicos (que asisten a la escuela en los meses de verano) no faltaran a clase para ir a comprar el libro. La editorial estadounidense del libro, Scholastic, había planeado publicarlo sólo a fines de septiembre. Pero cuando vieron que los admiradores de Harry Potter estaban tan ansiosos que estaban dispuestos a adquirir la edición británica a los vendedores del exterior, decidieron adelantar la fecha de publicación en los EE.UU. al 8 de septiembre. Tanto los lectores jóvenes como los adultos expresaron su deleite con el nuevo libro. "Me gusta asustar a la gente", dice Rowling. "A medida que sigo escribiendo, los libros se vuelven cada vez más atemorizantes". ¿Qué sustos reserva el futuro a sus leales lectores? "Lo único que puedo decir sin revelar demasiado es que el archienemigo de Harry se está tornando cada vez más poderoso", dice Rowling ominosamente.

Harry Potter y el cáliz de fuego

El tan esperado cuarto volumen de la serie "Harry Potter" se publicó en el 2000. *Harry Potter y el cáliz de fuego (Harry Potter and the Goblet of Fire)* salió a la venta en la medianoche del 8 de julio y muchas librerías hicieron una fiesta para festejar el lanzamiento. Los niños y los adultos se disfrazaron como los personajes de la serie. Algunas librerías habían colocado calderos llenos de avena y lechuzas vivas en honor al nuevo libro, que encantó a los admiradores. Es un libro muy largo, de más de 700 páginas, y aun así apenas puede saciar la sed de todo lo que se refiere a Potter. De hecho, el nuevo libro es aún más tenebroso y atemorizante que los

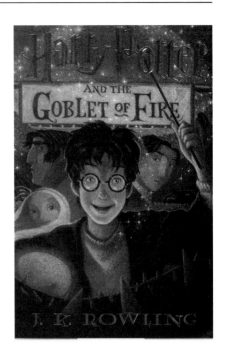

anteriores, como había sugerido Rowling, y el enemigo de Potter, Voldemort, adquiere cada vez mayor fortaleza. El libro dejó a los ávidos admiradores a la espera de la aparición del nuevo capítulo de la historia.

Harry Potter y el cáliz de fuego fue un fenómeno editorial. Scholastic Books, la editorial de la edición estadounidense de los libros de "Harry Potter", lanzó una primera edición de 3,8 millones de libros, la primera edición más grande de la historia. Durante el primer fin de semana se vendieron casi 3 millones de libros. Scholastic anunció que imprimiría otros 3 millones de copias después de la primera semana de lanzamiento. *Harry Potter y el cáliz de fuego* estableció un récord como el libro que se vendió más rápidamente de la historia. Hasta la fecha, los primeros cuatro libros de la serie de Harry Potter llevan vendidas 175 millones de copias, lo que es prueba de la atracción que ejercen sobre las legiones de admiradores satisfechos.

Realización de las películas

En el año 2001, los admiradores esperaban ansiosamente la presentación de la primera película de la serie, *Harry Potter y la piedra filosofal*. Estaban ansiosos por ver la película, pero también estaban preocupados ya que temían que no estuviera a la altura de su propia visión de Harry y su pandilla, los Dursleys, Hogwarts, Nick Casi Sin Cabeza, el profesor Dumbledore, Quidditch y todo lo demás. "Mentiría si dijera que no soy consciente

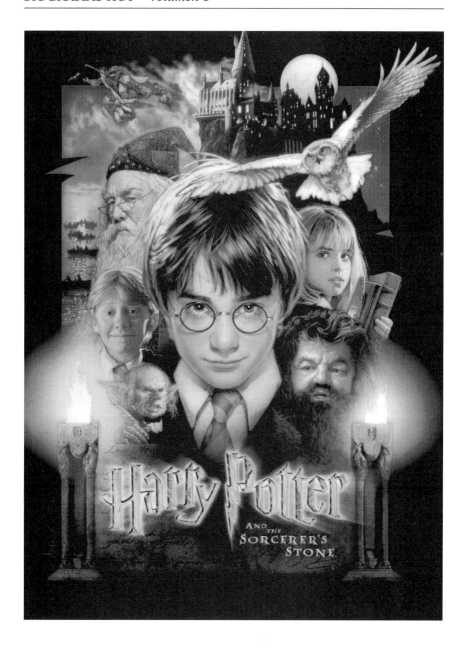

de que estamos realizando la adaptación del libro más amado del mundo", dijo Steve Kloves, quien escribió el guión para la película. "Comprendo la aprensión; las personas se consideran protectoras del libro. Pero nosotros también no sentimos increíblemente protectores de él. Tomamos la decisión de mantenernos fieles al libro, incluso si esto significa que finalmente haremos una película poco convencional y que no encaje dentro de lo que Hollywood considera que debe ser una película".

Ese deseo de permanecer fiel al libro persuadió a Rowling para permitir que se filmara la película. "Nos inundaron con ofrecimientos de empresas cinematográficas y los rechacé todos, incluso el ofrecimiento de la Warner. Pero las ofertas siguieron llegando. No estoy en contra de la idea de filmar una película: me encantan las películas. Lo que era de vital importancia era que la película se mantuviera fiel al libro y yo tengo mucha fe en el compromiso asumido por Warner para hacer eso mismo. Obviamente, hay algunas cosas que no funcionarán en la pantalla, pero no deseaba que la trama variara demasiado . . . Lo importante es que los personajes no se distorsionen". Obviamente, los realizadores de la película tuvieron éxito. La versión cinematográfica de *Harry Potter y la piedra filosofal* obtuvo ganancias que rondaron los mil millones de dólares a nivel mundial.

Los ávidos admiradores apenas podían esperar para ver la versión cinematográfica del segundo libro, *Harry Potter y la cámara secreta*, que se presentó en noviembre del 2002. Nuevamente, muchos alabaron la fidelidad al libro original. También reconocieron la actuación excepcional de los actores, elogiaron los espléndidos platós y el asombroso trabajo de diseño y felicitaron al director por el ritmo y el nivel de entretenimiento de la película. Sin embargo, algunos señalaron que la segunda película era mucho más terrorífica que la primera y pusieron en duda que fuera apta para niños pequeños.

"Nos inundaron con ofrecimientos de empresas cinematográficas y los rechacé todos, incluso el ofrecimiento de la Warner. Pero las ofertas siguieron llegando. No estoy en contra de la idea de filmar una película: me encantan las películas. Lo que era de vital importancia era que la película se mantuviera fiel al libro y yo tengo mucha fe en el compromiso asumido por Warner para hacer eso mismo ".

Muchos de los admiradores de Harry Potter se sintieron decepcionados durante el 2002, dado que esperaban la publicación del quinto libro, cuyo título según se dice será *Harry Potter y la orden del fénix (Harry Potter and the Order of the Phoenix)*. Originalmente, su publicación se había anunciado para el año 2001 y luego para el 2002. Recientemente, Rowling ha anunciado

La profesora McGonagall (Maggie Smith), la profesora Sprout (Miriam Margolyes), el profesor Dumbledore (Richard Harris) y el profesor Snape (Alan Rickman) en una escena de Harry Potter y la cámara de los secretos.

que ya casi ha terminado el libro y que estará a la venta en las librerías en el 2003. Es posible que la publicación se haya demorado debido a su nuevo matrimonio y embarazo y porque está muy ocupada con la promoción de las versiones cinematográficas de sus libros. Algunos dicen que sencillamente fue poco realista esperar que pudiera mantener el ritmo que había establecido con los primeros cuatro libros de la serie de escribir un libro por año. Además Rowling ha revelado que el quinto libro es muy largo, que tiene más de 700 páginas, como el cuarto libro. "El quinto libro es, para decirlo francamente, enorme", dijo Rowling. "Sentí que si no me tomaba mi tiempo y volvía a escribir de modo más pausado, no sería capaz de crear el quinto libro. Me sentía como un hámster dando vueltas en una rueda".

Rowling sigue escribiendo los volúmenes restantes de la serie. Planea escribir siete libros en total acerca de Harry, uno por cada año de su permanencia en Hogwarts. "Ya tengo toda la serie en mi mente", dice. "Siempre sé lo que va a ocurrir a continuación, y ya he escrito partes de cada uno de los libros". Una vez le dijo a un entrevistador de "CBS This Morning": "En realidad, ya he escrito el capítulo final del séptimo libro, simplemente para mi propia satisfacción, para saber a dónde quiero llegar". Sus jóvenes admiradores están ansiosos por saber qué les depara el futuro. "Niños de 10,

11 años se acercan a mi casa y tratan de introducirse en mi estudio", afirma. Rowling dice que no tiene ningún plan específico en cuanto a libros más allá de los siete volúmenes sobre los brujos de Hogwarts. "Dejar de escribir sobre Harry me romperá el corazón", dice.

MATRIMONIO Y FAMILIA

Rowling se casó en primeras nupcias con Jorge Arantes, un periodista de televisión portugués en octubre de 1992. Muy pronto quedó embarazada de su hija, Jessica, pero su matrimonio llegó a su fin en 1993. Rowling rara vez habla de su relación con su ex-marido, salvo para decir que está contenta de haberse casado con él. "No lamento haberme casado, ya que esto me permitió tener a mi hija, y no cambiaría nada sobre ella en absoluto", declaró.

En diciembre del 2001, Rowling se casó nuevamente con Neil Murray, un médico escocés. En la actualidad espera un bebé, que nacerá durante la primavera del 2003.

OBRAS

Harry Potter y la piedra filosofal (Harry Potter and the Sorcerer's Stone), 1997
Harry Potter y la cámara secreta (Harry Potter and the Chamber of Secrets), 1998
Harry Potter y el prisionero de Azkabán (Harry Potter and the Prisoner of Azkaban), 1999
Harry Potter y el cáliz de fuego (Harry Potter and the Goblet of Fire), 2000

PREMIOS Y DISTINCIONES

Children's Book of the Year (libro del año para niños) (British Book Awards): 1997, por *Harry Potter y la piedra filosofal*
Smarties Book Prize (premio literario Smarties): 1997, por *Harry Potter y la piedra filosofal*; 1998, por *Harry Potter y la cámara secreta*
Best Book of the Year (mejor libro del año) (*Publishers Weekly*): 1998, por *Harry Potter y la piedra filosofal*
Best Book of the Year (mejor libro del año) (*Parenting Magazine*): 1998, por *Harry Potter y la piedra filosofal*
Best Book of the Year (mejor libro del año) (*School Library Journal*): 1998, por *Harry Potter y la piedra filosofal*
The Whitbred Prize for Children's Book of the Year (premio Whitbread al libro infantil del año): 1999, por *Harry Potter y el prisionero de Azkabán*

W. H. Smith Children's Book of the Year Award (premio W.H. Smith al
libro infantil del año): 2000, por *Harry Potter y el cáliz de fuego*
The Rebecca Caudill Young Readers' Book Award (premio Rebecca Caudill
al mejor libro para jóvenes lectores): 2001, por *Harry Potter y la piedra
filosofal*
Hugo Award for Best Novel (premio Hugo a la mejor novela) (World
Science Fiction Society): 2001, por *Harry Potter y el cáliz de fuego*

MÁS INFORMACIÓN

En inglés

Christian Science Monitor, 8 de noviembre del 2002, pág. 13
Horn Book Magazine, enero de 1999, pág. 71
New York Times, 1 de abril de 1999, pág. E1; 5 de mayo del 2002, Sección 1,
pág. 1
Newsweek, 7 de diciembre de 1998, pág. 77; 23 de agosto de 1999, pág. 58;
5 de noviembre del 2001, pág. 64
Publishers Weekly, 21 de diciembre de 1998, pág. 28; 15 de febrero de
1999, pág. 33; 31 de mayo de 1999, pág. 94
Time, 12 de abril de 1999, pág. 86; 30 de octubre del 2000, pág. 108; 25 de
diciembre del 2000, págs.116 y118
Time for Kids, 30 de abril de 1999, pág. 8

DIRECCIÓN

J.K. Rowling
Scholastic Inc.
555 Broadway
New York, NY 10012-3999

SITIOS WEB

http://www.bloomsbury.com
http://www.scholastic.com/harrypotter/

Shakira 1977-
Cantante colombiana
Ganadora del Premio Grammy por el Mejor Álbum
Pop Latino

NACIMIENTO

Shakira Isabel Mebarak Ripoll nació en la ciudad portuaria de Barranquilla, Colombia, el 2 de febrero de 1977. Es la única hija del matrimonio de William Mebarak, un estadounidense de origen libanés que se radicó en Colombia en su juventud y Nidia Ripoll Mebarak, de nacionalidad colombiana. William Mebarak tuvo nueve hijos de un matrimonio anterior, por lo tanto Shakira tiene seis hermanastros y tres hermanastras, todos mayores aunque uno de sus hermanos murió cuando ella era niña. Sus padres tenían una joyería, pero ahora están jubilados. El nombre Shakira significa "mujer llena de gracia" en árabe.

JUVENTUD

Shakira creció en un hogar donde nunca faltaron los libros ni la música. Su padre era un intelectual y escritor al que le gustaba hablar de literatura y de política a la hora de la cena. "A mi papá siempre le gustaron las conversaciones interesantes en la mesa. Era un intelectual. Le gustaba enseñarnos literatura, siempre le atrajo mucho la política y quería conocer nuestra opinión sobre distintas cosas". Sus padres también eran miembros de un club donde se reunían otras familias de origen libanés, de manera que desde muy niña conoció la comida, el baile y la música árabe. Aunque era hija única, sus hermanastros vivían cerca y visitaban la casa paterna con frecuencia. Las relaciones entre amigos y vecinos eran muy buenas y sólidas en el suburbio donde vivía y algunos de sus amigos de infancia de Barranquilla siguen siendo sus mejores amigos hoy en día.

> *"Me encantó la sensación cuando en la escuela bailé la danza del vientre por primera vez frente al público. Mis compañeros se volvieron locos. Todos los viernes ejecutaba el mismo número".*

Desde muy temprana edad Shakira se destacó como una niña fuera de lo común. A los 18 meses ya recitaba el alfabeto, a los tres había aprendido a leer y ya a los cuatro años estaba lista para entrar a la escuela. Fue también a esa edad que empezó a aprender la danza del vientre. Nunca tomó clases pero instintivamente se puso a bailar desde la primera vez que escuchó el dumbek, un tambor del Medio Oriente que se toca más con los dedos que con las palmas y emite un sonido monótono. "Me encantó la sensación cuando en la escuela bailé la danza del vientre por primera vez frente al público", recuera Shakira. "Mis compañeros se volvieron locos. Todos los viernes ejecutaba el mismo número".

Shakira también empezó a escribir poesía desde muy niña. Estaba acostumbrada a ver a su padre inclinado sobre su máquina de escribir, de manera que armó su propio escritorio en su cuarto. A los ocho años, se dio cuenta de que podía combinar su amor por la música con su amor por la poesía escribiendo canciones. Su madre, Nidia, la inscribió en clases de canto y de danza moderna y expresión corporal. Posteriormente, a los 10 años, participó en su primer concurso de canto y se llevó un trofeo, el primero de muchos que habría de ganar en los concursos locales de talento. "Siempre sentí una vocación", comenta, "como una mano invisible detrás de mí que me empujaba a escribir, bailar y actuar".

RECUERDOS DE LA INFANCIA

El recuerdo más antiguo de Shakira es de cuando su madre recibió la noticia de que uno de sus hermanastros había muerto en un accidente de motocicleta. Aunque sólo tenía dos años en ese momento, este incidente le causó gran impresión y le provocó un profundo miedo a la muerte en todas sus formas: "la muerte de una amistad, la muerte de los sentimientos, la muerte física, mi propia muerte, pero sobre todo, la muerte de las personas que quiero", explicó.

EDUCACIÓN Y ELIGIENDO UNA CARRERA

Los padres de Shakira la enviaron a La Enseñanza de Barranquilla, una escuela católica de monjas misioneras. Tenía buenas notas pero nunca fue una estudiante sobresaliente y pasaba la mayor parte del tiempo escribiendo letras de canciones en la parte de atrás de su cuaderno. Cuando estaba en segundo grado, se presentó a una audición para entrar en el coro de la escuela. A la maestra no le gustó el vibrato de su voz (el vibrato es un efecto trémulo o pulsante) y dijo además que su voz se parecía al balido de una cabra. Cuando empezó a ganar concursos locales de talento a la edad de 10 años, se aseguró de llevar los trofeos a la escuela para que la maestra de coro pudiera verlos.

Algunos años más tarde, la productora de un grupo de teatro local que había visto la actuación de Shakira se enteró de que un promotor de Sony Columbia, la división latinoamericana de la empresa de grabación, estaría en Barranquilla. La productora le insistió al promotor para que viera a la niña antes de volver a Bogotá, la capital. Shakira finalmente cantó en el hall del hotel una de sus canciones a capela (sin acompañamiento instrumental) para el promotor, que quedó tan impresionado que propuso una segunda audición en Bogotá. Acompañada por sus padres, Shakira cantó y bailó la danza del vientre para los ejecutivos de Sony que se habían reunido para presenciar la audición. A pesar de que su voz todavía era joven y poco ejercitada, admiraron la confianza en sí misma de la joven, así como su forma de ser. Le ofrecieron un contrato discográfico de tres álbumes a pesar de que sólo tenía 13 años.

Shakira posando con su guitarra en 1998.

El primero de estos álbumes, llamado *Magia*, se lanzó en junio de 1991. Contenía ocho canciones que Shakira había escrito entre los 8 y los 13 años, principalmente baladas de amor. Aunque hubiera preferido esperar un poco antes de grabar su segundo álbum, Sony Colombia estaba impaciente por aprovechar el modesto éxito de su primer álbum. *Peligro* se lanzó en 1993, pero Shakira no quedó satisfecha con el resultado. Además de incluir algunas de sus propias composiciones, también incluyó canciones escritas por otras personas. Este álbum reflejaba ritmos típicamente "femeninos" como la *cumbia* (un ritmo de baile colombiano similar a la salsa) en lugar del rock 'n roll que Shakira prefería. Se negó a promocionar el álbum y éste apenas hizo mella en el ambiente musical colombiano.

Después de *Peligro*, que Shakira consideró "casi un fracaso", decidió alejarse durante un tiempo de las grabaciones y concentrarse en terminar la escuela secundaria, graduándose a la edad de 15 años. Sin embargo, tan pronto como obtuvo su diploma, se mudó a la ciudad de Bogotá para trabajar en su tercer álbum, que según ella estaba decidida a conseguir, y que incluiría únicamente canciones que ella había escrito y deseaba cantar.

MOMENTOS DESTACABLES DE SU CARRERA

Dieciocho meses después de mudarse a Bogotá, Shakira fue contratada para un papel protagónico en una nueva telenovela llamada "El oasis", sobre una joven perteneciente a una familia adinerada que se enamora del hombre equivocado. "Era realmente una pésima actriz", confiesa Shakira y agrega que no le gusta mirar los episodios del programa porque siente que "sobreactuó". La telenovela no tuvo buenas mediciones de audiencia pero colocó a Shakira en la pantalla de miles de telespectadores colombianos. Además, como las filmaciones se realizaban en un lugar donde había muy pocas distracciones, tenía tiempo entre cada sesión de grabación para trabajar en sus canciones y poemas. Fue también durante esta época que ella conoció mejor el mundo del rock and roll. "Escuchaba a Nirvana, Aerosmith y Tom Petty". Algunos de los otros grupos de rock que menciona son Depeche Mode, Led Zeppelin y The Police.

Pies descalzos

Shakira estaba decidida a escribir y grabar su tercer álbum exactamente como ella quería, sin que los ejecutivos de Sony le dijeran qué tipo de canciones debía cantar. "Había empezado a escribir algunas cosas mientras trabajaba en mi segundo álbum", explicó, "pero no me sentí libre para decir todo lo que quería. Por lo tanto, para el tercero, me tomé el tiempo necesario y empecé a escribir de manera distinta. Encontré mi verdadero yo". Fue el fracaso de *Peligro* lo que le dio la confianza en sí misma y la determinación para escribir el tipo de canciones que, estaba segura, podrían demostrar plenamente su voz y su talento.

Shakira fue autora o coautora de las diez canciones del álbum que llamó *Pies descalzos*. Además de baladas, también incluyó tonadas y canciones pop bailables con algo de reggae, hip-hop y jazz. El legado oriental de Shakira también se manifestó en este tercer álbum, especialmente en la técnica de cambios repentinos de tono que utilizó en algunas de sus canciones. Aunque generalmente hacen falta tres o cuatro canciones exitosas para que un álbum esté entre los de mayor venta, *Pies descalzos* lo logró con una sola: "Estoy aquí", una canción en la que la muchacha le dice a su amado que lo esperará mil años, si es necesario, hasta que él vuelva a ella. "El sonido de Shakira es nuevo para el mercado latinoamericano . . . es fresco y le ofrece algo a las generaciones más jóvenes", afirma Debra Villalobos, encargada de las compras latinoamericanas de Camelot Music. "Ella realmente sabe cómo comunicarse con los adolescentes".

——— *"* ———

"Había empezado a escribir algunas cosas mientras trabajaba en mi segundo álbum", pero no me sentí libre para decir todo lo que quería. Por lo tanto, para el tercero, me tomé el tiempo necesario y empecé a escribir de manera distinta. Encontré mi verdadero yo".

——— *"* ———

Pies descalzos se lanzó en 1995 y vendió un millón de copias en Colombia en 10 meses. Aunque Sony no había planeado lanzar el álbum fuera de Colombia, no hubo forma de mantenerlo en secreto después de este éxito. Muy pronto, *Pies descalzos* se pudo escuchar en Venezuela, México, Ecuador y Chile, vendiendo dos millones de copias al final del primer año y tres millones unos meses más tarde. Cuando volvió a Barranquilla en agosto de 1996 para dar un concierto en el estadio local, aparecieron tantos fanáticos que tres murieron en la estampida que se desencadenó cuando se abrieron las puertas. Otra adolescente, cuya madre le había prohibido asistir al concierto, se suicidó. Aunque Shakira no se enteró de estas tragedias hasta después del concierto, quedó tan afectada que pensó seriamente en abandonar su carrera como cantante.

El primer concierto de Shakira en los EE.UU. tuvo lugar en Miami en abril de 1997. Unas semanas más tarde, *Pies descalzos* recibió el premio *Billboard* de Música Latina a la Mejor Revelación Artística, Mejor Álbum y Mejor Video (por "Estoy aquí"). El presidente de Colombia nombró a Shakira "embajadora cultural nacional" y, al año siguiente, fue invitada a la Casa Blanca a una cena que el Presidente Bill Clinton dio en honor al Presidente de Colombia. Las letras introspectivas y altamente emocionales de Shakira hablan principalmente sobre las relaciones amorosas y los problemas sociales. Estas letras, combinadas con su potente estilo de canto y guitarra hicieron que muchos la asociaran con la cantante canadiense Alanis Morissette. Pero su forma muy particular de interpretar lo que ahora se

conoce como "Pop latino" la diferenció de las otras compositoras y cantantes femeninas y la hizo única entre las artistas latinas.

¿Dónde están los ladrones?

La repentina fama de Shakira en América Latina llamó la atención de
Emilio Estefan, un productor musical muy respetado que ha manejado las
carreras de estrellas latinas como su esposa, Gloria Estefan, y Enrique
Iglesias. En 1998, Shakira viajó a Miami para trabajar en su cuarto álbum
en los Estudios Crescent Moon de Estefan. Lo llamó *¿Dónde están los ladrones?* por un incidente ocurrido en el aeropuerto de Bogotá a fines de
1997, cuando alguien robó su bolso, que contenía las únicas copias de
todas sus canciones nuevas. Este nuevo álbum se caracterizó por un sonido conocido como "fusión", que Shakira describe como "una combinación
de elementos que vienen de distintos mundos pero que viven en armonía

bajo un mismo techo". Por ejemplo, la canción llamada "Ciega, sordomuda", en la cual el amor hace que la cantante pierda sus funciones vitales, combina las trompetas mexicanas con la guitarra eléctrica y un ritmo de baile disco. También se escuchan los instrumentos del Medio Oriente en "Ojos así" y otras de las canciones muestran tanto influencias británicas como árabes. Al igual que *Pies descalzos,* el tema de este nuevo álbum es el amor, pero las canciones en sí tienen un tono más recio y las letras revelan más agresividad y determinación.

———— **"** ————

"Soy una fusión. Esa soy yo. Soy una fusión entre el blanco y el negro, entre el pop y el rock, entre distintas culturas, entre la sangre libanesa de mi padre y la española de mi madre, el folklore colombiano y la danza árabe que adoro así como la música estadounidense".

———— **"** ————

¿Dónde están los ladrones? fue nominado para los Premios Grammy en la categoría Rock/alternativo Latino pero algunas personas alegaron que Shakira era más una cantante pop que una roquera. "Soy una fusión", explica Shakira. "Esa soy yo. Soy una fusión entre el blanco y el negro, entre el pop y el rock, entre distintas culturas, entre la sangre libanesa de mi padre y la española de mi madre, el folklore colombiano y la danza árabe que adoro así como la música estadounidense". Las distinciones tradicionales entre los distintos tipos de música simplemente no le importan, afirma. "Nadie ha querido nunca incluirme en su género. Pero me gusta estar ahí, en una especie de limbo. Porque aun cuando la línea [entre pop y rock] sea muy delgada, es muy larga. Me puedo mover libremente por ella".

Aunque Shakira hasta el momento cantaba únicamente en español, Emilio Estefan había pronosticado que provocaría "el mayor crossover de la historia de la música" ("crossover" es cuando un músico que tiene una determinada audiencia se hace atractivo para otra, como cuando un cantante hispanohablante canta en inglés). Hasta este momento, ninguna estrella del rock latinoamericano había logrado el "crossover" con éxito en el mercado de la música pop estadounidense. Desafortunadamente, Estefan no estaba destinado a contribuir al éxito futuro de la joven estrella. Después de *¿Dónde están los ladrones?*, que vendió más de un millón de copias en el mes siguiente a su lanzamiento y fue nominado para un Grammy, la independiente Shakira contrató a Freddy DeMann para que fuera su nuevo manager. DeMann ha manejado las carreras de Michael Jackson, Madonna, Alanis Morissette y otras superestrellas. Un día, pasando canales en la televisión vio la actuación de Shakira, y quedó "simplemente hipnotizado". Seis meses más tarde, viajó a Miami para conocerla. "Cuando entró en la habitación, casi me da un infarto", recuerda. "¡Tenía tal presencia!". DeMann, que se había retirado, salió de su retiro para manejar la carrera de esta nueva estrella.

Shakira Unplugged

Después de su cuarto álbum, Shakira se había convertido en una de las artistas latinas más vendidas y MTV le pidió que aceptara realizar un concierto acústico para su conocida serie *Unplugged,* una invitación recibida por sólo una docena de otros artistas latinoamericanos. Era un gran desafío para la cantante, acostumbrada a los ritmos electrónicos, tener que grabar versiones acústicas de sus canciones, pero el álbum que resultó de esta experiencia rompió nuevos esquemas. Se realizaron arreglos completamente nuevos de algunas de sus canciones, hasta el punto que sonaban completamente distintas, nada parecido a la música folklórica que generalmente se asocia a la guitarra acústica. Por el contrario, logró crear efectos poco usuales con instrumentos como la guitarra "lap-steel", el violín y la armónica, aunque no dejaron de escucharse los repentinos cambios de tono vocales y los ritmos del Medio Oriente que se habían convertido en su marca personal.

Shakira escribió la letra de las 11 canciones del álbum *Shakira MTV Unplugged* y compuso o ayudó a componer toda la música. Sus admiradores adoraron la "fusión" de sonidos latinos, orientales, caribeños, de mariachis mexicanos y de rock. En los Premios Grammy Latinos del 2000, el evento de consagración más importante de los EE.UU. para los músicos latinos, Shakira ganó los premios a la mejor interpretación vocal pop femenina y a la mejor interpretación vocal de rock femenina. Al año siguiente, el álbum *MTV Unplugged* ganó un Grammy al Mejor Álbum Pop Latino.

Laundry Service (Servicio de Lavandería)

El auge del pop latino en los EE.UU., que empezó con Gloria Estefan, Enrique Iglesias, Marc Anthony, Jennifer López, Christina Aguilera y Ricky Martin estaba ganando impulso en el momento en que Shakira empezaba a pensar en su sexto álbum. Freddie DeMann le dijo que se convertiría en superestrella si lograba lanzar un álbum en inglés, por lo tanto empezó a trabajar en el perfeccionamiento de este idioma. "Sabía que podía escribir canciones en inglés", afirmó. "Simplemente tenía que superar el miedo". El español es un idioma más flexible, "puedo poner un verbo antes de un

sustantivo cada vez que necesito hacerlo", mientras que el inglés es más directo. Con un diccionario de rimas a su lado, Shakira empezó a trabajar traduciendo canciones para su nuevo álbum. Para mejorar su pronunciación y fluidez, empezó a leer tantos libros y a ver tantas películas en inglés como podía. (Para más información acerca de estos músicos latinos, consulte los siguientes volúmenes de *Biography Today*: Christina Aguilera, abril del 2000; Gloria Estefan, julio de 1992; Jennifer López, enero del 2002; Ricky Martin, enero del 2000. La biografía de Enrique Iglesias será presentada en *Biography Today* en el 2003.)

Shakira trabajó en el álbum durante un año y medio, durante el cual cambió su objetivo de traducir viejas canciones por el de escribir nuevas. "Durante ese período, me dediqué 100 por ciento a dos cosas: la música y el amor. Fueron como el agua y el detergente, me limpiaron y me hicieron sentir renovada". Llamó el nuevo álbum *Laundry Service (Servicio de Lavandería)* e incluyó la traducción al inglés de Gloria Estefan de "Ojos así" en reconocimiento por el apoyo y aliento que Estefan le había brindado a su trabajo en inglés. Salvo cuatro nuevas canciones en español, todo el álbum contiene canciones que Shakira compuso directamente en inglés. La letra de estas canciones fue más personal e introspectiva, pero la música siguió incluyendo su fusión característica de distintos sonidos, que en este caso fueron el tango, la música oriental, la música new wave, disco y el rock and roll. Como Evan Wright escribió en la revista *Rolling Stone*, "[Shakira es] una roquera de pies a cabeza. Su canto es gutural y urgente, su forma de moverse en el escenario y en las grabaciones es dominante. Su música es omnívora; por momentos, suena como Blondie, en otros momentos como Britney y casi siempre se ve realzada por dos cosas: la guitarra de rock y los ritmos latinos". La canción pop-rock "Whenever, Wherever", por ejemplo, tiene en el fondo una flauta andina, mientras que en otras canciones, se utilizó el *charango* (laúd sudamericano) y el *rondador* (flauta de pan ecuatoriana) además de la guitarra, bajo y batería de siempre. "Saco todos estos elementos de distintos mundos y los pongo todos juntos en mis canciones", explica Shakira.

Cuando un día el afamado Freddy DeMann, pasando canales en la televisión vio la actuación de Shakira, quedó "simplemente hipnotizado". Seis meses más tarde, viajó a Miami para conocerla. "Cuando entró en la habitación, casi me da un infarto", recuerda. "¡Tenía tal presencia!".

Laundry Service se vendió bien, superando las ventas de los nuevos álbumes de Britney Spears y Madonna, pero las críticas no fueron del todo favorables. Algunos críticos quedaron desconcertados por las letras en inglés, que generalmente eran gramaticalmente correctas pero algo extrañas, ya sea debido a las barreras del lenguaje o a que no se comprendían bien las licencias poéticas. Ernesto Lechner de *Rolling Stone* criticó el nuevo álbum de Shakira y responsabilizó a sus productores y autores de las canciones por su incapacidad para superar "la naturaleza prosaica de gran parte del material disponible". Por otra parte, alabó la voz de Shakira que calificó como un "hermoso instrumento salvaje . . . capaz de generar momentos ardientes de pasión musical". Por otra parte, el crítico de la revista *Time* comentó: "Shakira nos ofrece una ráfaga refrescante de un rock diferente. Su música tiene algo de vanguardia y un saludable acompañamiento de guitarras y ella misma la escribe . . . [*Laundry Service*] es un álbum pop-rock muy bien pensado con una sofisticación mundana ocasional".

Al ser su sexto álbum un éxito rotundo en los Estados Unidos, Shakira se vio comparada no solamente con Alanis Morrisette sino también con Britney Spears y Christina Aguilera. Sin embargo, el hecho de que escriba sus propias canciones y tenga un papel preponderante en la producción de sus propios álbumes la coloca en una categoría distinta. "Sé que empezaré a ganarme mi propio espacio una vez que empiecen a conocerme un poco mejor", comentó.

¿Un modelo para las latinas?

── **"** ──

"Quiero que mis admiradores me comprendan y me vean como una persona compleja que se metamorfosea y quiero tener la libertad de realizar los cambios que quiera y cuando quiera. Por otra parte, no cambiaré otras cosas que considero mucho más importantes".

── **"** ──

Ahora que se ha convertido en una de las latinas más conocidas dentro del escenario musical del pop-rock estadounidense, cada uno de los movimientos de Shakira se analizan por su posible mensaje para otras jóvenes latinas. Cuando decidió teñir su larga cabellera oscura de rubio, por ejemplo, se la acusó inmediatamente de tratar de imitar el ideal europeo y estadounidense de la apariencia de una estrella de rock. Pero Shakira insistió en que los cambios en su apariencia fueron simplemente parte de su evolución como artista. "Quiero que mis admiradores me comprendan y me vean como una persona compleja que se metamorfosea y quiero tener la libertad de realizar los cambios que quiera y cuando quiera. Por otra parte, no cambiaré otras cosas que considero mucho más importantes".

Shakira tiene la reputación de ser "obsesiva" y perfeccionista, y de no lanzar un álbum hasta no estar completamente satisfecha con cada detalle. José Tillan, el vicepresidente de música y talentos de MTV América Latina, comenta que "históricamente, en las culturas latinas, la mujer ha sido siempre intérprete. Shakira no es así. Desde el principio se ha involucrado siempre en la creación de las canciones y en la grabación de la música". Aunque su necesidad de encargarse de su propia carrera ha llevado a algunas personas a considerarla como una "diva", ella enfatiza que "así debe ser si quiere tener éxito. Se debe velar por sus propios intereses. La única forma en la que puedo hacer música es estando detrás de mis canciones. Soy la capitana de mi propio barco".

Shakira actuando en vivo en el 2002.

MATRIMONIO Y FAMILIA

Aunque Shakira tiene una casa en Barranquilla y otra en Los Ángeles, pasa la mayor parte de su tiempo en la casa que comparte con sus padres, que considera como sus "ángeles guardianes", en Biscayne Bay en Miami. Durante los últimos dos años ha tenido una relación estable con Antonio de la Rúa, abogado e hijo del ex-presidente argentino. El estilo de vida de "jet set" de la pareja ha generado críticas en la prensa argentina, país donde hay graves problemas sociales y de desempleo y donde en algunos lugares se ha prohibido la venta de su música. El escándalo que desató esta relación cuando se hizo pública fue uno de los factores que llevaron al presidente argentino a renunciar. Sin embargo, la pareja permanece unida y pasa mucho tiempo junta, tanto como la carrera de Shakira se lo permite.

> ――― **"** ―――
>
> *Aunque su necesidad de encargarse de su propia carrera ha llevado a algunas personas a considerarla como una "diva", ella enfatiza que "así debe ser si quiere tener éxito. Debe de velar por sus propios intereses. La única forma en la que puedo hacer música es estando detrás de mis canciones. Soy la capitana de mi propio barco".*
>
> ――― **"** ―――

PRINCIPALES INFLUENCIAS

Shakira comenta que sus modelos no son músicos porque la mayoría de los músicos que admira por su trabajo, como Janis Joplin y Billie Holliday, han sido adictos a las drogas y murieron mucho antes de terminar su carrera. Sin embargo, sigue admirando a Gloria Estefan: "Ella abrió una puerta enorme y muy pesada que había permanecido cerrada durante muchos años . . . Ella empezó a hacer música en inglés con patrones rítmicos de salsa, congas y bongós . . . Ella logró lo imposible". Entre los artistas que más han influenciado su estilo musical están Tom Petty, Tracy Chapman, R.E.M., Nirvana, The Police y The Cure.

PASATIEMPOS Y OTROS INTERESES

Cuando Shakira tiene un momento libre, lee mucho, con frecuencia dos o tres libros por semana. Cuando se le preguntó si le gustaba ir de compras debido a las vestimentas poco usuales que luce en sus recitales, respondió, "Prefiero pintar, quedarme en casa y mirar el océano". También le gusta nadar y andar a caballo.

Shakira también ha trabajado muy activamente en proyectos de caridad. Uno de sus proyectos más destacados es la fundación que ha creado para ayudar a los niños de Colombia. Esta fundación se llama Pies Descalzos, un nombre que recuerda su primer álbum y al mismo tiempo es un recordatorio de la pobreza en la cual tantos niños viven. La fundación patrocina eventos que permiten reunir fondos para los niños de la calle, los hijos de soldados que han muerto en combate y los niños con problemas cardíacos, leucemia y sida.

CRÉDITOS

Magia, 1991
Peligro, 1993
Pies descalzos, 1995
¿Dónde están los ladrones? 1998
Shakira, MTV Unplugged, 2000
Laundry Service (Servicio de Lavandería), 2001

PREMIOS Y DISTINCIONES

Billboard Latin Music Award (premio Billboard de música latina): 1997 (3 premios), Mejor revelación artística, Mejor álbum por *Pies descalzos* y Mejor video por "Estoy aquí"; 1999, Mejor álbum pop por *¿Dónde están los ladrones?*

World Music Award (premio World Music): 1998, Mejor artista latina femenina del año

Latin Grammy Award (premio Grammy latino): 2000 (2 premios), Mejor representación vocal pop femenina por "Ojos así", y Mejor representación vocal de rock femenina por "Octavo día"; 2002, Mejor video musical por "Suerte"

Grammy Award (premio Grammy): 2001, Mejor álbum pop latino por *MTV Unplugged*

MTV Video Music Latin Awards (premios MTV latinos de música y video): 2002 (5 premios), Artista del año, Revelación artística femenina del año, Artista pop del año, Mejor artista-norte y Mejor video del año por "Suerte"

MÁS INFORMACIÓN

En español

Diego, Ximena. *Shakira: Mujer Llena de Gracia,* 2001
Época, 2 de agosto del 2002, pág. 50

García, Edgar. *Shakira: Nueva Diosa del Rock*, 2001
Hola, 20 de septiembre del 2000, pág. 21; abril del 2000, pág. 3; 25 de febrero de 1999, pág. 19; 7 de enero de 1999, pág. 11; 26 de noviembre de 1998, pág. 4; 5 de noviembre de 1998, pág. 5; 15 de octubre de 1998, pág. 27
Latina, enero del 2002, pág. 80; julio del 2001, pág. 90; abril de 1999, pág. 76
El Mensajero, 24 de noviembre del, pág. 15; 3 de noviembre del 2002, pág. 12
People en Español, noviembre del 2002, pág. 76; febrero del 2002, pág. 83; diciembre de 1998, pág. 12
Reynoso, Estheban. *Shakira: Ojos Así*, 2000
Semana, 2 de agosto del 2002, pág. 39; 28 de septiembre del 2001, pág. 21; 8 de junio del 2001, pág. 43; 13 de abril del 2001, pág. 39; 29 de octubre de 1998, pág. 15; 24 de septiembre de 1998, pág. 18
El ritmo de la noche, agosto de 1999, pág. 12
Siempre! 14 de enero de 1999, pág. 79

En inglés

Hispanic, diciembre del 2001, pág. 32
Interview, febrero del 2001, pág. 46
People, 11 de febrero del 2002, pág. 134; 13 de mayo del 2002, pág. 150
Rolling Stone, 14 de febrero del 2002, pág. 30; 11 de abril del 2002, pág. 68; 31 de octubre del 2002, pág. 102
Seventeen, marzo del 2002, pág. 70
Teen, mayo del 2002, pág. 58
Teen People, 1 de marzo del 2002, pág. 86; 16 de junio del 2002, pág. 58
Time, 15 de septiembre del 2001 pág. 16
YM, diciembre del 2001-enero del 2002, pág. 93; abril del 2002, pág. 144

DIRECCIÓN

Shakira
Epic Records
550 Madison Avenue
New York, NY 10022

SITIOS WEB

http://www.shakira.com
http://www.mtv.com/bands/az/shakira/artist.jhtml

Ruth Simmons 1945-
Educadora y administradora académica
estadounidense
Presidente de Brown University

NACIMIENTO

Ruth Jean Simmons, cuyo nombre de nacimiento es Ruth Jean
Stubblefield, nació el 3 de julio de 1945 en Grapeland, Texas.
Su padre, Isaac Stubblefield, fue campesino, obrero en una fábrica y, más tarde, ministro de la Iglesia Bautista. Su madre,
Fannie Campbell Stubblefield, fue trabajadora doméstica. Simmons tiene 11 hermanos mayores, dos de los cuales ya han fa-
llecido.

181

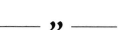

"No teníamos mucho dinero, pero teníamos mucha libertad cuando éramos niños. Podíamos vagar tranquilos por el campo y ser creativos e inventarnos juegos; no teníamos juguetes, así que disfrutábamos mucho del contacto con la naturaleza. Recogíamos fruta silvestre, nadábamos en el arroyo y creábamos nuestros propios juguetes con materiales muy primitivos".

JUVENTUD

Ruth Simmons pasó los primeros siete años de su vida con su familia en la finca donde nació, situada en una zona rural de Texas. Su familia, los Stubblefield, eran agricultores arrendatarios, también llamados "aparceros". La aparcería fue un sistema utilizado en el sur de los Estados Unidos que evolucionó a partir de la esclavitud después de la guerra civil americana. Los dueños de las fincas y plantaciones permitían que los campesinos vivieran y, a menudo, cultivaran una parte de sus tierras a cambio de su trabajo. A veces, una parte de la cosecha se compartía con los campesinos como pago por el trabajo y éstos podían usarla para ellos mismos o para venderla. La aparcería favorecía a los dueños de la tierra y a menudo los campesinos eran muy pobres.

Como aparceros, los Stubblefield vivían en una pequeña choza de dos cuartos con techo de hojalata y sin electricidad. En un cuarto dormían los padres y Ruth Simmons compartía la otra habitación con sus siete hermanos y cuatro hermanas. Todos los niños ayudaban en el cultivo del algodón y maníes. A pesar de las privaciones, Ruth Simmons guarda buenos recuerdos de su niñez. "No teníamos mucho dinero, pero teníamos mucha libertad cuando éramos niños", cuenta. "Podíamos vagar tranquilos por el campo y ser creativos e inventarnos juegos; no teníamos juguetes, así que disfrutábamos mucho del contacto con la naturaleza. Recogíamos fruta silvestre, nadábamos en el arroyo y creábamos nuestros propios juguetes con materiales muy primitivos".

Fue en esta Texas rural donde empezó su amor por aprender. Su maestra de jardín de infancia, Ida Mae Henderson, fue una influencia importante en su niñez. Simmons recuerda el entusiasmo que sentía todos los días al entrar al aula del jardín de infancia y ha descrito su primer día de clases como "mágico".

"Tal vez mi primer contacto con la riqueza se produjo en el momento en que crucé la puerta de la escuela y miré a mi alrededor y vi este lugar maravilloso lleno de libros y pupitres y sillas", recuerda Simmons. "No sólo había muchísimos materiales a mi disposición, sino que también había una protectora de todas estas riquezas que era jovial y de mente abierta y que creía que yo era maravillosa… Eso es lo que los maestros logran hacer con los niños".

Creciendo con el racismo

Durante la infancia de Simmons en Texas, la vida era muy dura para los afroamericanos. Muchos blancos sentían un profundo y constante prejuicio contra las personas de raza negra. Los afroamericanos a menudo eran tratados como seres inferiores y se esperaba que actuaran de modo servil. Durante la infancia de Simmons, la segregación (la separación entre los afroamericanos y los blancos) era común en el sur de los Estados Unidos. El sur continuaba segregado bajo las leyes denominadas "leyes de Jim Crow" que obligaban a la segregación de las razas y daban instrucciones para que se crearan instalaciones públicas "separadas pero iguales" como las viviendas, las escuelas, los transportes, los servicios, los surtidores de agua y demás para las personas de raza negra y de raza blanca. Aunque estas instalaciones separadas fueran llamadas iguales, en realidad, no lo eran pues las de las personas de raza negra eran terriblemente deficientes. Por lo general, los afroamericanos iban a escuelas en estado ruinoso, con pocos recursos y con maestros mal pagados. Una vez que terminaban la escuela, sus oportunidades de trabajo seguían siendo a menudo limitadas.

Esta fue la sociedad en la que Simmons creció. "No podíamos caminar por la acera con los blancos", recuerda. "Teníamos que apartarnos cuando se acercaba alguno y no podíamos ir al cine y sentarnos en la platea … Había demasiadas cosas que no se podían hacer". Pero en la clase de Ida Mae Henderson, Simmons aprendió que existían posibilidades. "Esta maravillosa mujer con su animada voz nos daba aliento mientras que la sociedad constantemente nos humillaba", dijo Simmons.

El racismo se tornó aun más evidente para Simmons cuando su familia dejó atrás la vida de campesinos y se instaló en Houston, Texas. Su padre en-

> *"No podíamos caminar por la acera con los blancos", recuerda. "Teníamos que apartarnos cuando se acercaba alguno y no podíamos ir al cine y sentarnos en la platea … Había demasiadas cosas que no se podían hacer".*

contró trabajo en una fábrica y su madre trabajaba para los blancos lavando sus ropas y limpiando sus casas. Simmons recuerda que iba caminando a la escuela y las pandillas de muchachos blancos que pasaban en sus autos se burlaban de ella diciéndole "negra".

Simmons también empezó a ser consciente del estado de pobreza en que vivía su familia. Vivían en un lugar llamado Fifth Ward, un barrio negro terriblemente pobre de Houston. "Esa fue la primera vez en mi vida que noté que había gente en la escuela que se burlaba de la forma en que me vestía o me peinaba, y esa clase de cosas". Simmons sólo tenía unos pocos vestidos hechos en casa y heredados de otros miembros de la familia, que usaba "todos los días o un día sí y otro no".

Lecciones de madre

Simmons aprendió de su madre, Fannie Campbell Stubblefield, la importancia de trabajar duro y enfrentar la vida con dignidad. A menudo, Ruth acompañaba a su madre para ayudarla a limpiar las casas de los blancos y observaba cómo se manejaba con sus empleadores. "Tuve la suerte de verla mientras trabajaba", cuenta. "Tuve el privilegio de observar a una admirable mujer enorgullecerse de su trabajo y comportarse con una dignidad y bondad extraordinarias".

Simmons recuerda la cantidad de ropa que lavó su madre para ayudar a mantener a su familia. "Siempre recordaré la forma en que planchaba la ropa", escribió Simmons en el libro *Take a Lesson* (ver el apartado de "Más información" al final de este capítulo). "En aquel momento no existía el planchado permanente ni las planchas a vapor. Ella acumulaba pilas de ropa para planchar y yo la ayudaba a rociar cada prenda con agua y a enrollarlas individualmente para conservarlas húmedas. Entonces empezaba la larga y tediosa tarea del planchado".

"Recuerdo cómo trabajaba cuidadosamente con las pilas de camisas de algodón: cómo planchaba el cuello, la parte de atrás de la camisa, la parte de arriba y alrededor de los botones, uno por uno... Aprendí de mi madre, y de su forma de trabajar, la importancia que debía darle a mi trabajo; el cuidado que debía poner en todo lo que realizara".

Cuando Simmons tenía 15 años, su madre murió a causa de una enfermedad renal. La muerte de su madre la afectó profundamente durante muchos años. "No conozco una forma de enfrentarme con su muerte que lo haga más llevadero", afirma. "No creo que debería de ser fácil porque ésta es una pérdida de la que nunca jamás te recuperas. Nunca. Jamás". La muerte de su madre le enseñó a Simmons que la vida es algo temporal y que "cada día que pasa es una oportunidad para hacer algo bueno".

EDUCACIÓN

La educación y la carrera de Ruth Simmons empezaron a delinearse mientras estudiaba en Phyllis Wheatley High School en Houston. Simmons, cuyas calificaciones siempre eran sobresalientes, se involucró en el programa de teatro de la escuela, participando en las producciones de *El zoo de cristal* de Tennessee Williams y *Antígona* de Sófocles. "Sabía quién era y qué deseaba de la vida", cuenta su profesora de arte escénico y oratoria de la escuela secundaria, Vernell Lillie. "Deseaba ser una persona educada".

Lillie alentó a Simmons para que solicitara admisión en la universidad en la que ella fue estudiante, Dillard University de New Orleans, Louisiana que era fundamentalmente una institución para personas de raza negra. Lillie ayudó a Simmons a obtener una beca en Dillard; sin embargo, ésta no alcanzaba para todo lo que Simmons necesitaba para ir a la universidad. "No tenía suficiente dinero para comprarme ropa", dijo Simmons. "Nunca olvidaré cuando una de mis profesoras me pidió que fuera a su casa y allí ella abrió al armario y sacó un montón de ropa que me dio para que pudiera asistir a la universidad".

Su familia la ayudó tanto como pudo. "Mis hermanos y hermanas me enviaban lo que podían", recuerda Simmons, aunque todos tenían familias propias de las que debían hacerse cargo. "Todos la ayudamos . . . aunque probablemente no todo lo posible", recuerda su hermano Wilford Stubblefield. "Naturalmente, nos sentíamos orgullosos".

185

En Dillard, Simmons comenzó la especialización en teatro; pero muy pronto cambió su rama de especialización al francés. "Era una forma de conocer otra cultura", cuenta. "Deseaba entender lo que era la cultura y el idioma es una ventana a otra cultura".

———— **"** ————

"Lo que me ocurrió en el aula de Wellesley probablemente me marcó para el resto de mi vida. Era el año 1966, y mientras veía las manifestaciones del movimiento por los derechos civiles en televisión, me di cuenta de que mi inteligencia era igual a la de las demás estudiantes que estaban en clase conmigo. Podía hacer todas las cosas que estas mujeres blancas tan acaudaladas y bien preparadas podían hacer. Siempre había sospechado que todo lo que se decía con respecto a que los negros somos inferiores a los blancos era mentira. Pero ahora sabía cuál era la verdad y sentí como si un rayo me atravesara".

———— **"** ————

Experiencias transculturales

El deseo de Simmons de conocer otras culturas fue satisfecho a través de su educación. Durante el verano de su segundo año en Dillard, tuvo la oportunidad de estudiar en la Universidad Internacional en Saltillo, México. Muy pronto tuvo una experiencia transcultural de otro tipo.

En el penúltimo año en Dillard, fue escogida personalmente por el presidente de la universidad para participar en un programa de intercambio estudiantil en Wellesley College. Wellesley College es una prestigiosa universidad para mujeres de New England, una de las "Siete Hermanas", término que se aplica a un grupo élite de universidades para mujeres de la costa este de los Estados Unidos. Las otras seis universidades son Barnard, Bryn Mawr, Mount Holyoke, Smith, Radcliffe y Vassar. A diferencia de Dillard, en Wellesley había una mayoría de mujeres de raza blanca y de clase alta y Simmons describió su época de estudio en este lugar como un "choque cultural".

Sin embargo, mientras estaba en Wellesley, Simmons tuvo una epifanía; es decir, una realización repentina o una intuición acerca de cómo son las cosas. "Lo que me ocurrió en el aula de Wellesley probablemente me marcó para el resto de mi vida", relata. "Era el año 1966, y mientras veía las manifestaciones del movimiento por los derechos civiles en televisión, me di cuenta de que mi inteligencia era igual a la de las demás estudiantes que estaban en clase conmigo.

Podía hacer todas las cosas que estas mujeres blancas tan acaudaladas y bien preparadas podían hacer. Siempre había sospechado que todo lo que se decía con respecto a que los negros somos inferiores a los blancos era mentira. Pero ahora sabía cuál era la verdad y sentí como si un rayo me atravesara".

El tiempo que pasó estudiando en Wellesley fue una época importante, aunque a veces algo solitaria, para Simmons. Tuvo que lidiar con el "problema de tratar de encajar, tratar de representar a mi universidad, tratar de ponerme al día en algunas materias en las que estaba atrasada", recuerda. Una de las clases que más le costó fue la de francés. Se sintió tan perdida que le dijo al profesor que iba a abandonar el estudio del francés.

"Su respuesta fue "no"; me dijo que debía perseverar y que, pasado un tiempo, empezaría a entender . . . Un día me di cuenta de que entendía el francés, hablaba en francés y creo que esa fue la experiencia intelectual fundamental de mis años como estudiante universitaria porque desde el momento en que comprendí que hablaba en francés, pensaba en francés y entendía el francés, supe que nada me volvería a resultar extraño", dijo.

En 1967, Simmons obtuvo su título de licenciada de Dillard. Se graduó *summa cum laude* lo que en latín significa "con los más altos honores", una distinción que se le otorga a los graduados que están a la cabeza de sus compañeros en lo que respecta a los logros académicos. Después de graduarse de Dillard, Simmons fue a Universidad de Lyon en Francia gracias a la beca Fulbright, un premio que otorga el gobierno de los Estados Unidos para promover el entendimiento cultural. La beca Fulbright permite que los estudiantes estadounidenses estudien en el extranjero.

Casamiento

Mientras estudiaba en Dillard, Ruth conoció a Norbert Simmons, un estudiante de derecho que estudiaba en Tulane University, New Orleans. Los dos se conocieron cuando sus compañeros de cuarto empezaron a salir. "Cuando lo conocí, me resultó irritante. Era muy engreído", recuerda Ruth. Pero empezaron a pasar más tiempo juntos y el cariño creció entre ellos. En 1968, mientras pasaban las fiestas del Cuatro de Julio con la familia de Ruth en Houston, decidieron casarse.

"Literalmente, pasábamos frente al palacio de justicia y le dije: ¿Quieres casarte conmigo?" recuerda Norbert Simmons. "Me contestó algo así como: 'sí, por supuesto'. Durante la ceremonia, ella dijo que aceptaba cumplir con la parte que dice 'amarás y honrarás' pero no con la que se refería a 'obedecer'. Nunca pronunció esa palabra". Después de la ceremonia matrimonial celebrada en el palacio de justicia, volvieron a la casa de los Stubblefield y le contaron a la familia que habían contraído matrimonio. Nadie los creyó, y la familia insistió en que la pareja pasara su noche de bodas en habitaciones separadas.

Después de la boda, en 1968, las decisiones profesionales de Simmons pasaron a ser secundarias con respecto a las de su marido. Muchas decisiones se vieron afectadas por su papel de esposa y madre. "Cuando era más joven, mi prioridad era mi familia", dice. "Sin embargo, siempre supe que mis hijos me necesitarían mientras fueran jóvenes pero que en algún momento crecerían. Continué trabajando duro, dando por sentado que iba a seguir aprendiendo cosas y me iba a transformar en una persona mejor".

"Cuando era niña, tenía de alguna manera el instinto de creer que las humanidades y las artes podrían enseñarme algo. Sabía que algo andaba mal en el mundo donde vivía, sabía que esa sociedad segregada no era normal. Sabía que algo no andaba bien cuando caminaba por la calle y pandillas de jóvenes blancos pasaban a mi lado en automóvil y me llamaban "negra". Sabía que había alguna forma de combatir esa barbarie y de comprenderla, y pensé que, de alguna manera, las humanidades me abrirían el camino para lograr ese objetivo..."

Estudios avanzados

Simmons inició sus estudios de posgraduado en George Washington University en Washington, D.C. Como muchos otros estudiantes graduados, tuvo que trabajar como profesora para ayudar a costear sus clases. En 1968 y 1969, Simmons enseñó francés en George Washington University. También trabajó como intérprete en la División de Idiomas del Departamento de Estado de los Estados Unidos.

Posteriormente, Simmons ingresó en Harvard University en Cambridge, Massachusetts. Harvard es una de las universidades que pertenecen al grupo llamado "Ivy League"; es decir, es una de las ocho universidades más prestigiosas de New England. Las otras universidades son Brown, Columbia, Cornell, Dartmouth, Pennsylvania, Princeton y Yale. En Harvard, Simmons estudió lenguas romances, que son los idiomas que provienen del latín, idioma utilizado por los romanos en la época del apogeo de su dominación en Europa (entre las lenguas romances se incluyen el italiano, el francés, el español y el portugués).

El marido de Simmons ingresó en la Facultad de Derecho de Boston University durante el mismo período. Simmons trabajó como encargada de admisiones en el Radcliffe College de 1970 a 1972 y, al mismo tiempo, estudió sus materias de posgraduado en Harvard. Logró graduarse de Harvard University con una Maestría (M.A.) en Humanidades en 1970 y obtuvo un Doctorado (Ph.D.) en 1973.

El valor de las humanidades

La educación de Simmons se concentró en las humanidades; es decir, el área de estudio que tiene que ver con la cultura, como los idiomas, el arte, la música, la historia, la literatura y las ciencias sociales. Estaba convencida de que sus estudios en el área de humanidades le ayudarían a superar la pobreza y el racismo con que había crecido. "Cuando era niña, tenía de alguna manera el instinto de creer que las humanidades y las artes podrían enseñarme algo" escribió. "Sabía que algo andaba mal en el mundo donde vivía, sabía que esa sociedad segregada no era normal. Sabía que algo no andaba bien cuando caminaba por la calle y pandillas de jóvenes blancos pasaban a mi lado en automóvil y me llamaban "negra". Sabía que había alguna forma de combatir esa barbarie y de comprenderla, y pensé que, de alguna manera, las humanidades me abrirían el camino para lograr ese objetivo.

"Así que estudié teatro, arte y música y principalmente literatura, a la que me dediqué, porque sabía que necesitaba entender el mundo, me daba cuenta de que si no llegaba a comprenderlo, me volvería loca . . . o mataría a alguien. Francamente, no veo el sentido de estar caminando por la calle, ocupándome de mis asuntos y sin meterme con nadie, y que una persona cualquiera, sin razón alguna, ataque mi dignidad. No lo comprendía en ese momento y sabía que necesitaba algo que me pudiera fortalecer en este mundo tan poco civilizado".

"Así que estudié teatro, arte y música y principalmente literatura, a la que me dediqué, porque sabía que necesitaba entender el mundo, me daba cuenta de que si no llegaba a comprenderlo, me volvería loca . . . o mataría a alguien. Francamente, no veo el sentido de estar caminando por la calle, ocupándome de mis asuntos y sin meterme con nadie, y que una persona cualquiera, sin razón alguna, ataque mi dignidad. No lo comprendía en ese

Simmons posa en el campus universitario de Smith College, diciembre 1994.

momento y sabía que necesitaba algo que me pudiera fortalecer en este mundo tan poco civilizado".

MOMENTOS DESTACABLES DE SU CARRERA

En 1973, Simmons y su familia se trasladaron a New Orleans, donde comenzó su verdadera carrera académica. Empezó a trabajar como profesora asistente de francés en University of New Orleans y dos años más tarde, se convirtió en decana asistente de la Facultad de Artes Liberales. El decano es quien supervisa un área de estudio en particular en una facultad o universidad y con frecuencia también aconseja y asesora a los estudiantes. Posteriormente, la familia Simmons se trasladó a California y Ruth trabajó en una serie de programas especiales y enseñó en California State University de 1977 a 1979. Pasó los cuatro años siguientes, de 1979 a 1983, en University of California en Los Ángeles, primero como decana asistente y luego como decana adjunta en la facultad de graduados.

Subiendo la escalera académica

Simmons y su esposo se separaron en 1983 y ella se mudó con sus dos hijos a New Jersey para trabajar en Princeton, una universidad perteneciente al Ivy League. Ruth comenta que en ese momento sintió que Princeton era el lugar donde realmente iba a poder integrarse. "Princeton es un lugar muy conservador", afirma Simmons. "Me puso a prueba de todas las maneras posibles. Es un círculo muy cerrado pero una vez que se está adentro, ¡ya está!". Simmons fue directora de estudios en el Butler College de Princeton (la mayoría de las universidades tienen facultades o "colleges" para las áreas de estudios especializados). Adquirió mucha práctica en aconsejar a los estudiantes, que iban a visitarla a su oficina y le revelaban "todo lo que sus corazones escondían". Los estudiantes empezaron a llamarla "Mamá Ruth" o "Dra. Ruth".

En 1985, Simmons fue nombrada directora del programa de estudios afroamericanos de Princeton. Reclutó a prominentes afroamericanos para que se formaran parte del cuerpo docente, entre ellos al erudito en religiones Cornel West, la historiadora Nell Painter y la famosa novelista Toni Morrison. Simmons también trabajó como decana asistente y decana adjunta del cuerpo docente.

Continuó progresando en el área de la administración cuando se trasladó a Spelman College en Atlanta, Georgia donde trabajó como "provost" (administradora de alto rango o rectora) durante dos años, de 1990 a 1991. La posición de "provost" incluye dos funciones muy importantes: la de planificar los programas de estudio, los tipos de clases y los cursos de estudio y la de administrar el presupuesto, decidiendo de qué forma se utilizará el dinero. En 1992, vuelve a Princeton para ocupar el puesto de "vice-provost". En ese momento también publicó un trabajo sobre las relaciones raciales en las ciudades universitarias, conocido como "El informe de Simmons". El documento es reconocido no solamente en Princeton sino también en todas las universidades del país como un importante análisis de los problemas raciales y una guía para mejorar las relaciones raciales en las ciudades universitarias.

──── **"** ────

Simmons recuerda la llamada del comité de nombramiento de Smith College en la que le anunciaban que había sido elegida por unanimidad. "Yo les contesté: Son muy gentiles. Gracias por comunicármelo", recuerda. "En el momento, no reaccioné. . . . Simplemente nunca pensé que vería el día en que una mujer afroamericana fuera nombrada presidente de una universidad del Ivy League o de una facultad del grupo de las "Siete Hermanas". . . . Sólo después de colgar el teléfono me di cuenta de la importancia de lo que me habían comunicado".

──── **"** ────

La presidencia de Smith College

En 1995, Simmons aceptó la presidencia de Smith College, una de las universides que integran el grupo de las "Siete Hermanas". Seleccionada entre un grupo de 350 candidatos, Ruth se convierte en la primera mujer afroamericana en llegar a la presidencia de una de las facultades o universidades de mayor prestigio en los Estados Unidos.

Simmons recuerda la llamada del comité de nombramiento en la que le anunciaban que había sido elegida por unanimidad. "Yo les contesté: Son muy gentiles. Gracias por comunicármelo", recuerda riéndose. "En el momento, no reaccioné. Verán, yo conozco la política de la educación superior. Simplemente nunca pensé que vería el día en que una mujer afroamericana fuera nombrada presidente de una universidad del Ivy League o de una facultad del grupo de las "Siete Hermanas". Pensé que había gato encerrado. Sólo después de colgar el teléfono me di cuenta de la importancia de lo que me habían comunicado".

Simmons fue un líder muy productivo en Smith College. Estableció el primer programa de ingeniería en una universidad de mujeres, creó una oficina destinada a fomentar la diversidad y resolver los conflictos y creó una revista especializada dedicada al trabajo de las mujeres pertenecientes a las minorías. Además estuvo a la cabeza de un importante proyecto para aumentar los fondos de la escuela, conocidos como "dotación". Durante los seis años de su presidencia, la dotación de Smith College se duplicó. Simmons también era sumamente popular entre las estudiantes de Smith. Cuando daba algún discurso en reuniones grandes, las estudiantes entonaban "¡Ruth — Ruth — Ruth!" y con frecuencia escribían mensajes afectuosos con tiza en la acera frente a su casa.

Simmons camina por el césped durante su procesión inaugural como presidente de Brown University, octubre del 2001. Ella y los otros profesores llevan las túnicas académicas tradicionales.

La presidencia de Brown University

En noviembre del 2000, Simmons fue nombrada presidente de Brown University, una universidad del Ivy League. Oficialmente asumió el cargo en julio del 2001, convirtiéndose en la primera mujer afroamericana designada presidente de una de las principales universidades de los Estados Unidos. Su nombramiento como presidente de Brown llamó mucho la atención de los medios de publicidad, especialmente de las revistas como

People y programas de televisión como "60 Minutes" de la cadena CBS. "No hay nada especial en mí que haga que la gente llame a mi puerta, por el amor de Dios . . . Sé que no he hecho nada especial para que se produzca semejante revuelo", comentó en una entrevista al diario estudiantil de Brown University, el *Brown Daily Herald*.

—————— **"** ——————

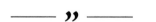

"Ella es algo parecido a un milagro en lo que mí respecta", afirma Toni Morrison, escritora y amiga personal de Simmons. "Tiene una combinación poco usual de realismo político e integridad, así como un agudo sentido de las normas morales, que no interfiere con su generosidad ni con su espíritu positivo. Es sumamente creativa para resolver los problemas de otras personas. Y además es muy divertida".

—————— **"** ——————

"Lo que sí es especial es el momento histórico en el que se encuentra el país. Lo que es especial es la combinación de sucesos que me colocaron en este puesto. Eso es lo especial. Eso no quiere decir que yo no tenga nada que ofrecer", continúa. "Tengo suficiente confianza en mi misma y sé lo que soy capaz de hacer y además, soy bastante buena en lo que hago. En realidad, soy más que bastante buena. Soy buenísima. Defiendo con pasión lo que pienso y en lo que creo y ciertamente, me apasiona la educación".

En las primeras etapas de su presidencia en Brown, sus principales prioridades fueron conseguir mejores salarios para el cuerpo docente y mejor respaldo financiero para los proyectos de investigación de la universidad. En la actualidad, Simmons está desarrollando programas de admisión que permitan que los estudiantes calificados puedan estudiar en Brown University aunque no tengan los recursos económicos necesarios.

Muchas personas, incluyendo a sus colegas, tienen puestas grandes esperanzas en Simmons como presidente de Brown. Neil L. Rudenstine, presidente de Harvard University, la describe como una "persona de excepcional discernimiento y humanidad . . . Ella comprende las instituciones y sabe unir a las personas. Le apasiona la idea de poder abrir las puertas de la educación superior a estudiantes de todos los niveles sociales y económicos". Toni Morrison, escritora y amiga personal de Simmons afirma: "Ella es algo parecido a un milagro en lo que mí respecta. Tiene una combinación poco usual de realismo político e integridad, así como un agudo sentido de las normas morales, que no interfiere con su generosidad ni con su espíritu positivo. Es sumamente creativa para resolver los problemas de otras personas. Y además es muy divertida".

MATRIMONIO Y FAMILIA

Norbert y Ruth Simmons se casaron en 1968. Tuvieron dos hijos: su hijo Khali, nacido en 1973 y su hija Maya, nacida en 1977. Sin embargo, después de 15 años de matrimonio, "los intereses y los objetivos de cada uno no eran los mismos", explica Norbert Simmons. La pareja se separó en 1983 y se divorció en 1989. A partir de la separación los hijos vivieron principalmente con su madre.

PASATIEMPOS Y OTROS INTERESES

Simmons es una ávida lectora y tiene adoración por los libros. "Me encanta la literatura", afirma, "porque para mí lo es todo. Es la vida misma". Aunque le gustan principalmente los autores clásicos, también lee obras de ficción modernas, como las de su amiga Toni Morrison.

Además, le interesa mucho la música popular y admira a la roquera Tina Turner. "Si pudiera ser Tina Turner y pavonearme con todo ese cabello en el escenario, sería fantástico. De verdad que lo sería y ha habido momentos en los que me he puesto delante del espejo intentando hacer eso mismo. No funcionó, pero lo he intentado". Cuando aparece frente a un grupo de estudiantes de Brown University, Simmons a menudo usa la misma frase que usa Turner frente a su público antes de empezar un concierto: "¿Están listos para mí?"

Simmons también integra el directorio de varias empresas importantes, como Pfizer, Goldman Sachs, Texas Instruments y Metropolitan Life Insurance Company. Además, es fideicomisaria de varias organizaciones sin fines de lucro, incluyendo Carnegie Corporation y la Escuela Clarke para Sordos y es miembro del Consejo de Relaciones Exteriores. Además, también ha fundado la beca Vernell A. Lillie Endowed Scholarship, en honor a la profesora de secundaria que la alentó a seguir una carrera universitaria.

PREMIOS Y DISTINCIONES

Fulbright Fellowship (beca Fulbright): 1967-68
Distinguished Service Award (premio al servicio distinguido) (Association of Black Princeton Alumni): 1989
Distinguished Service Award (premio al servicio distinguido) (Dillard University): 1992

MÁS INFORMACIÓN

En inglés

Current Biography Yearbook, 1996
Ebony, junio de 1996 pág. 94; enero del 2001, pág. 10
New York Times, 9 de septiembre del 2001, pág. 82
Newsweek, 31 de diciembre del 2001, pág. 76
People, 5 de febrero del 2001, pág. 67
Texas Monthly, febrero de 1999, pág. 54
Time, 17 de septiembre del 2001, pág. 70

DIRECCIÓN

Office of the President
Brown University
1 Prospect Street
Campus Box 1860
Providence, RI 02912

SITIO WEB

http://www.brown.edu/Administration/President/contactus.html

Tiger Woods 1975-

Golfista estadounidense
Primer golfista en ganar cuatro trofeos Vardon
consecutivos (Jugador del Año de la PGA)
Ganador de cuatro eventos consecutivos del Grand
Slam del Circuito de la PGA
El jugador más joven de la historia en ganar un
Grand Slam de carrera

NACIMIENTO

Eldrick "Tiger" Woods nació el 30 de diciembre de 1975 en
Long Beach, California. Su madre, Kultida ("Tida") Woods,

nació en Bangkok, Tailandia. Su padre, Earl D. Woods, fue Boina Verde (miembro de una fuerza de combate de élite de la Infantería de Marina de los EE.UU.) que prestó servicios en la guerra de Vietnam antes de retirarse como teniente coronel y trabajar en la industria de defensa como administrador de contrataciones. El apodo "Tiger", que es como el joven Woods prefiere que lo llamen, le fue dado a Eldrick en honor a Nguyen Phong, un amigo de su padre que pertenecía al ejército survietnamita. Nguyen Phong, que salvó a Earl Woods de un ataque de francotiradores durante la guerra, fue apodado "Tiger" (Tigre) por su amigo estadounidense. Tiger Woods tiene tres hermanastros mayores, hijos de un matrimonio anterior de su padre.

------ 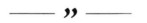 ------

Cuando tenía dos años, Tiger jugó su primera ronda de golf con un juego de palos de golf recortados. Su madre recuerda que en determinado momento "tiró la pelota a una trampa de arena, se bajó los pantalones e hizo pipí. Entonces se subió los pantalones y realizó el tiro".

------ **"** ------

JUVENTUD

Tiger Woods creció en Cypress, California, una ciudad situada a unos 64 kilómetros al sur de Los Ángeles. Empezó a jugar al golf a una edad sorprendentemente temprana, estimulado por su padre, que había decidido que su hijo sería el mejor golfista de todos los tiempos.

Cuando Tiger tenía tan sólo seis meses, su padre lo sentaba en su silla para niños en el garaje, desde donde podía ver cómo su padre tiraba pelotas de golf contra una gran red. Posteriormente, su padre recordó que su pequeño hijo parecía estar contento al observarlo hacer esto durante varias horas seguidas. Cuando tenía dos años, Tiger jugó su primera ronda de golf con un juego de palos de golf recortados. Su madre recuerda que en determinado momento "tiró la pelota a una trampa de arena, se bajó los pantalones e hizo pipí. Entonces se subió los pantalones y realizó el tiro".

Para cuando cumplió los tres años, el pequeño golfista había impresionado a tanta gente que sus padres empezaron a recibir llamadas de programas de televisión que deseaban hablar sobre él. "CBS News", "That's Incredible!" y "The Mike Douglas Show" hicieron programas sobre Tiger antes de que cumpliera seis años. Incluso antes de que hubiera asistido a primer grado, había adultos que le pedían su autógrafo. Dado que Woods todavía no sabía escribir aún en letra cursiva, los cazadores de autógrafos debían conformarse con una firma escrita en grandes letras de imprenta.

*Tiger en el torneo de golf para jóvenes de Catalina Island en 1981,
a los seis años de edad.*

Cuando tenía apenas cuatro años, Woods comenzó a tomar lecciones con Rudy Duran, un profesor de golf de Long Beach, California, una ciudad ubicada cerca de Cypress. Duran quedó asombrado con la aptitud natural para el golf y los modales tranquilos del pequeño niño. "El talento brotaba

Woods con su madre Kutilda (izquierda) y su padre Earl (derecha).

por sus poros", dijo Duran. "Era sobrecogedor ver a un niño de 4 años y medio ejecutar un swing como un jugador profesional sofisticado. Era como observar a un jugador de la PGA (Professional Golfers Association - Asociación de Golfistas Profesionales) que hubiera encogido de tamaño".

PRIMERAS VICTORIAS

La primera victoria importante de Tiger Woods se produjo en el Optimist International World Junior Tournament, cuando tenía ocho años de edad. Al año siguiente, defendió con éxito el campeonato obtenido en ese torneo, que se sumó a un total creciente de victorias. A los diez años, perdió por muy poco la oportunidad de obtener una tercera victoria consecutiva en el torneo Optimist International. Terminó segundo, pero estuvo a punto de obtener el título al acumular seis birdies consecutivos cuando la ronda final llegaba a su fin. (En el golf, se supone que cada hoyo se completa después de una determinada cantidad de tiros, también denominados "golpes". Si un golfista completa el hoyo en esa cantidad de golpes, se dice que ha obtenido un "par" para ese hoyo. Si lo completa ejecutando un golpe menos que la cantidad designada para completar ese hoyo, esto se denomina "birdie". Por el contrario, si necesita un golpe más que la cantidad de golpes designada para completar el hoyo, se dice que el golfista ha cometido un "bogey" en ese hoyo).

Cuando tenía once años, Woods ganó, permaneciendo invicto, 30 campeonatos de golf juveniles del Sur de California, aun cuando en la mayoría de esos eventos había más de 100 participantes. Todas estas victorias se sumaron a la agitación que rodeaba al joven, pero él se mantuvo calmado, agradecido porque sus padres estaban con él para protegerlo del gentío.

A menudo, el padre de Tiger actuaba como amigo, caddie y compañero de viaje, mientras que su madre se ocupaba de los deberes paternos más tradicionales, como asegurarse de que su hijo hiciera la tarea, estuviera bien alimentado y se comportara de forma responsable. En una ocasión, Woods tuvo una rabieta después de hacer un mal tiro en un torneo y golpeó la bolsa de palos con uno de los palos de golf. Disgustada con el comportamiento inmaduro de su hijo, su madre lo informó al director del torneo y exigió que penalizaran a su hijo con dos golpes extra por su comportamiento antideportivo. El apoyo de sus padres hizo que Woods pudiera adaptarse más fácilmente a los altibajos de la competencia. Lo ayudaban a celebrar sus victorias, pero también le enseñaron cómo debía comportarse ante una derrota.

"Tuve una infancia normal. Hice las mismas cosas que hacen todos los niños. Estudiaba e iba a pasear al centro comercial. Era adicto a los programas de lucha libre de la televisión, la música rap y el programa 'Los Simpsons'. Me metí en problemas y tuve que resolverlos. Amaba a mis padres y los obedecía en todo lo que me decían. La única diferencia es que a veces puedo meter una pelotita en un hoyo con una cantidad menor de golpes que algunas otras personas".

Para cuando Woods entró a la preparatoria, había jugado en docenas de torneos y viajado por todos los Estados Unidos. Incluso había jugado en torneos en México y Canadá. Sin embargo, él y sus padres se aseguraron de que tuviera tiempo para disfrutar de las mismas actividades que los otros niños de su edad. "Tuve una infancia normal", dijo Woods. "Hice las mismas cosas que hacen todos los niños. Estudiaba e iba a pasear al centro comercial. Era adicto a los programas de lucha libre de la televisión, la

Woods en Stanford University, 1996.

música rap y el programa 'Los Simpsons'. Me metí en problemas y tuve que resolverlos. Amaba a mis padres y los obedecía en todo lo que me decían. La única diferencia es que a veces puedo meter una pelotita en un hoyo con una cantidad menor de golpes que algunas otras personas".

EDUCACIÓN

Woods asistió a escuelas públicas en Anaheim, California. Después de graduarse de la escuela secundaria Orangeview Junior High School con calificaciones sobresalientes, Woods asistió a la preparatoria Anaheim Western High School. Durante sus años en la preparatoria, él y sus padres hicieron todo lo posible para que su educación no se viera afectada por su intenso cronograma de torneos de golf. "La escuela es lo más importante, el golf está en segundo lugar", afirma Woods. "La cantidad de tiempo que le dedico a la práctica del golf depende de la rapidez con que termine mis tareas escolares. No se puede lograr nada sin una educación".

Woods ya había empezado a pensar en qué universidad quería estudiar incluso antes de empezar la preparatoria. A los 13 años, envió una carta al entrenador de golf de Stanford University en Palo Alto, una institución privada cerca de San Francisco que es una de las mejores universidades de los Estados Unidos. En la carta le comunicaba al entrenador que esperaba poder unirse al equipo de golf de la universidad, donde también podría obtener una buena educación en la carrera de negocios, que deseaba estudiar en el futuro.

Sin embargo, para cuando Woods se graduó en Anaheim High en 1994, era evidente que podía escoger cualquier universidad. Por sus buenas calificaciones y su excepcional habilidad para el golf, muchas universidades se mostraron deseosas de que las eligiera. Sin embargo Stanford siguió siendo su primera opción, y en 1994 entró a la universidad con una beca completa para la práctica del golf. "No soy una celebridad en Stanford", afirmó. "Cada uno de los estudiantes es especial. Debes serlo para entrar aquí. Por lo tanto, nadie se diferencia del otro. Es por eso que me encanta este lugar". Woods asistió a Stanford University durante dos años. En agosto de 1996, decidió dejar la universidad para dedicarse al golf profesional.

MOMENTOS DESTACADOS DE SU CARRERA

Durante sus años en la universidad, Woods siempre dedicó tiempo para el golf. A medida que se sucedían sus éxitos en el golf, sus padres hicieron todo lo posible para apoyarlo. Cuando tenía 13 años, sus padres contrataron a Jay Brunza, un médico de la Marina, como psiquiatra deportivo y caddie para su hijo. Tres años más tarde, también recurrieron al talento de Butch Harmon, un reconocido profesor de golf. Este equipo de profesionales se hizo famoso en el ambiente del golf, donde los conocían como el Equipo de Tiger. Tanto Brunza como Harmon opinan que la madurez de Woods y su deseo de superarse son factores fundamentales para su éxito. "Quiere trabajar conmigo las 24 horas", comentaba Harmon.

Earl y Kultida Woods también realizaron sacrificios económicos por su hijo. Durante los años en que Woods participaba en sus primeros torneos, él y su padre se hospedaban en hoteles económicos y recurrían a todo tipo de medidas para ahorrar dinero. Generalmente, no llegaban al lugar del evento hasta el día mismo en que se iniciaba el torneo, lo que significaba que Woods no tenía tiempo de jugar una ronda de práctica. Una vez el joven Woods le preguntó a su padre si podrían llegar al siguiente torneo con suficiente tiempo como para que pudiera jugar una ronda de práctica. "Pensé en lo que me decía", recuerda el padre de Woods, "y dije: Hijo, perdóname. Te prometo que a partir de este día, tendrás las mismas oportunidades que cualquiera de esos chicos de clase alta, y aunque quede en bancarrota, esto es precisamente lo que vamos a hacer. A partir de ese día, siempre llegamos un día antes y Tiger se alojó junto a los demás competidores, en los hoteles de las cadenas Marriott y Hilton, y él empezó a ganarles a todos y a hacerse famoso".

Los esfuerzos de sus padres, combinados con su propio talento, permitieron que Woods acumulara impactantes victorias durante la preparatoria y sus primeros dos años en la universidad. En 1991, Woods, de 16 años, fue el jugador más joven en ganar el U.S. Junior Amateur Tournament de los EE.UU., el evento juvenil más importante del país. Ganó nuevamente en 1992 y 1993, convirtiéndose en el único golfista de la historia en ganar tres veces este torneo.

En 1994, Woods ganó el U.S. Amateur Tournament en el campo de golf Sawgrass de Ponte Vedra Beach en Florida, tras una competencia muy reñida en la última parte del torneo. El U.S. Amateur Tournament es el evento más importante del golf para aficionados de los Estados Unidos y reúne a los mejores golfistas adultos aficionados de todo el país.

Woods logró obtener muchas otras victorias en 1994, como el primer lugar en el Pacific Northwest Amateur Tournament, el Southern California Golf Association Amateur Tournament, y el Western Amateur Tournament. También ayudó a fortalecer el ya talentoso equipo de golf de Stanford University, logrando el segundo menor promedio de golf de los Estados Unidos en competencias universitarias. A fines del mismo año, el desempeño de Woods había sido tan impresionante que fue nombrado Hombre del Año por la revista *Golf World* y también fue nominado para el premio Sullivan, que se le otorga al deportista aficionado más destacado del país.

En 1995, Woods ganó su segundo campeonato consecutivo U.S. Amateur Championship, convirtiéndose en el primer deportista de la historia del evento en ganar por dos años consecutivos. George Marucci, que terminó en segundo lugar, comentó más tarde: "Tiger es el mejor deportista que esta categoría de jugadores de golf ha tenido hasta ahora. Es esbelto, es fuerte y tiene un magnífico swing".

Un año más tarde, Woods nuevamente era el golfista más importante de los niveles de aficionados. Primero, ganó el NCAA Championship en junio de 1996. "No creo que haya ninguna duda de que es el mejor jugador aquí y el mejor jugador debe ser el ganador", comentó uno de los otros golfistas. Dos meses más tarde, ganó por tercera vez consecutiva el U.S. Amateur Championship.

El Grand Slam

El primer título U.S. Amateur ganado por Woods le dio la posibilidad de competir en 1995 en tres de los torneos de golf profesional más importantes del mundo: el Torneo de Maestros o Masters, el U.S. Open. y el Open de Gran Bretaña (estos tres torneos, junto con el Campeonato de la PGA, son conocidos como los eventos del Grand Slam en el golf). Al participar en el Masters, el primer campeonato de esta serie de torneos, Woods reveló su juego a los profesionales más importantes del mundo.

Durante las rondas de práctica, Woods sorprendió a muchos de los veteranos más experimentados de este deporte. Desplegó el mismo swing elegante, los mismos putts precisos y la misma serenidad que había demos-

trado durante todos los eventos para aficionados y rápidamente los observadores se dieron cuenta que este adolescente podía competir perfectamente con Nick Faldo, Jack Nicklaus, Greg Norman y otros profesionales
de primera línea del golf. El golfista Tom Watson consideró a Woods como

"potencialmente el jugador de golf más importante de los últimos 50 años". Según Nicklaus, "ganará más Masters que Arnold [Palmer] y yo juntos".

De aficionado a jugador profesional

En agosto de 1996, después de ganar su tercer título consecutivo U.S. Amateur, Woods tomó la dura decisión de dejar Stanford University para convertirse en golfista profesional. Como profesional, Woods podría recibir dinero por hacer publicidad y quedarse con los premios de cada torneo, pero él insistió en que el dinero nada había tenido que ver con su decisión de convertirse en profesional. "Simplemente se trata de ser feliz. He pensado en esto durante mucho tiempo y siempre me preguntaba cuándo sería el momento correcto y qué tan feliz estaría una vez tomada esta decisión. ¿Es el momento adecuado? ¿Estoy listo? Todas las respuestas apuntaban al sí".

La decisión de abandonar su condición de aficionado convirtió inmediatamente a Woods en un hombre rico, dado que la empresa de productos deportivos Nike estaba ansiosa por firmar un contrato publicitario con el joven. Woods firmó un contrato por cinco años de $40 millones de dólares con Nike, así como un acuerdo por tres años con Titleist de 3 millones de dólares. Eso era mucho dinero para un joven jugador que nunca había ganado ningún torneo como profesional pero muchos observadores tuvieron la sensación de que Nike y Titleist habían hecho una buena inversión.

> *"Simplemente se trata de ser feliz. He pensado en esto durante mucho tiempo y siempre me preguntaba cuándo sería el momento correcto y qué tan feliz estaría una vez tomada esta decisión. ¿Es el momento adecuado? ¿Estoy listo? Todas las respuestas apuntaban al sí".*

Woods causa sensación como profesional

Cuando Tiger Woods participó por primera vez en el Circuito de la PGA en 1996, los expertos del golf estuvieron de acuerdo en que se trataba de un joven talentoso con gran futuro y con potencial para ganar varios campeonatos importantes a lo largo de su carrera. En efecto, durante los dos años anteriores, se había llevado a casa prácticamente todos los torneos universitarios y los premios de golf para aficionados más importantes. Aun así, el desempeño de Woods durante los primeros meses en el circuito tomó a mucha gente por sorpresa. Menos de tres meses después de convertirse en profesional, Woods ganó su primer torneo de la PGA. Esta victoria, el Las Vegas Invitational de 1996, llegó en su quinta participación como profesional. Su éxito inmediato no sorprendió a sus colegas golfistas. "Todos sabíamos que en algún momento iba a empezar a ganar", afirma Davis Love III, golfista profesional de la PGA. "Sólo que no quería que fuera tan pronto". Dos semanas más tarde, el joven astro logró la victoria en el campeonato Walt Disney Classic. Estos impresionantes logros le valieron a Woods la adjudicación del premio Jugador Novato del Año de la PGA al terminar la campaña de 1996.

En 1997, Woods consiguió cuatro títulos más, incluyendo el prestigioso Masters Tournament, en abril, en Augusta, Georgia. La victoria en Augusta fue su primer campeonato del Grand Slam. Su triunfo en el Masters también demostró por primera vez que era capaz de dominar un torneo. Woods ganó en 1997 el Masters con 12 golpes, lo que representa un récord para este tipo de torneos y con el mayor margen de victoria para cualquier torneo de golf profesional importante desde 1862. En efecto, estableció 20 nuevos récords, incluyendo el de mejor puntaje total (270) e igualó otros seis en el transcurso de los cuatro días que duró el evento. Al completar el último putt del torneo, la multitud lanzó gritos de aprobación cuando Woods corrió hacia su padre y lo abrazó llorando. "Siempre había soñado con llegar a jugar en el Masters y ganarlo", comentó más tarde. "Es el sueño de todo niño que se dedica a esto: participar en un Masters y ganar".

— **"** —

"Siempre había soñado con llegar a jugar en el Masters y ganarlo", comentó más tarde. "Es el sueño de todo niño que se dedica a esto: participar en un Masters y ganar".

— **"** —

El sorprendente desempeño de Woods en el Masters aumentó su creciente fama. Numerosas empresas le pidieron que promocionara sus productos y la multitud lo seguía siempre que se atrevía a mostrarse en público. También recibió otros premios deportivos importantes, incluyendo el de Mejor Atleta Masculino del Año de ESPN y el de Jugador del Año de la PGA. Incluso la revista *Time* lo incluyó entre los 25 estadounidenses más influyentes de 1997. Se lo incluyó en la lista debido al tremendo impacto causado por un deportista multirracial en un deporte que siempre había sido dominado por jugadores blancos.

La campaña de 1998 fue la menos exitosa para Woods en el circuito de la PGA. Terminó entre los diez mejores en 12 eventos distintos pero en todo el año sólo ganó un torneo de la PGA, el BellSouth Classic en Georgia. A final del año, algunos seguidores del golf se preguntaban si no habría sido una estrella fugaz en el circuito de la PGA. Pero los demás jugadores y los especialistas del golf sabían que Woods había pasado gran parte de la temporada de 1998 ajustando distintas partes de su juego, desde su forma de empuñar el palo de golf en los putts hasta su swing en los tiros de tee. También sabían que el joven astro todavía estaba tratando de acostumbrarse a la constante atención de sus admiradores y de los medios. "La gente piensa que porque he sido una persona conocida por bastante tiempo sé cómo manejar todo esto", confesó en ese momento. "Pero recién acabo de terminar mi primer año en el circuito y todavía estoy aprendiendo". Estos desafíos absorbieron gran parte del tiempo y energía de Woods. Sin embargo, la mayoría de los participantes del circuito de la PGA esperaban que Tiger volviera a rugir muy pronto.

> *"La gente piensa que porque he sido una persona conocida por bastante tiempo sé cómo manejar todo esto", confesó en 1998. "Pero recién acabo de terminar mi primer año en el circuito y todavía estoy aprendiendo".*

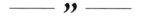

Tiger llega a la cima

Como muchos habían pronosticado, Woods volvió a mostrarse como un campeón en la temporada siguiente. Dejando atrás la no muy memorable temporada de 1998, se encaminó a la cumbre del golf mundial en 1999. Ganó siete de los 22 eventos de la PGA en los que participó y terminó entre los diez primeros en otros nueve torneos. Esta serie de éxitos en 1999 le aportó más de $6.6 millones de dólares en premios ese año, la mayor ganancia de todo el circuito. El punto alto de la magnífica campaña de Woods en 1999 llegó con su victoria en un solo golpe del Campeonato de la PGA de Medinah, Illinois. En ese evento, venció a Sergio García, otra estrella ascendiente del mundo del golf. La victoria en Medinah le permitió a Woods obtener el segundo campeonato más importante de su carrera.

A medida que se acercaba el final de la temporada de la PGA de 1999, los fanáticos del deporte de todo el mundo elogiaron la habilidad, voluntad de ganar y la sangre fría de Woods. Pero aun cuando los espectadores estuvieron de acuerdo en que era el mejor jugador profesional de los últimos

*Woods saliendo de una trampa de arena durante el Campeonato de la PGA,
19 de agosto del 2001.*

años, casi nadie estaba preparado para el increíble desempeño de Woods durante la temporada del 2000.

Una temporada espectacular

A medida que avanzaba la campaña del 2000, Woods dominó el circuito de la PGA como ningún otro jugador había logrado hacerlo antes. Ganó más de la mitad de los eventos de la PGA en los que compitió, alcanzando nueve victorias en 17 torneos. En determinado momento, ganó seis eventos consecutivos de la PGA. Esta campaña brillante hizo que algunos de sus colegas golfistas admitieran que cuando Tiger estaba jugando en plena forma, todos los demás debían conformarse con disputar el segundo lugar.

Woods también se destacó en los eventos más importantes del año. Después de terminar quinto en el Masters del 2000 (Vijay Singh ganó el evento), el joven superestrella ganó todos los demás eventos del Grand Slam del año: el U.S. Open, el Open de Gran Bretaña y el Campeonato de la PGA. En cada uno de estos torneos, Woods desplegó su usual mezcla de habilidad, concentración y determinación. Ganó el U.S. Open del 2000 en Pebble Beach, California, con 15 espectaculares golpes, rompiendo o igualando ocho récords de torneos diferentes en el proceso. Al finalizar el evento, Ernie Els, que obtuvo el segundo lugar, admitió: "Aun si yo hubiera jugado como nunca, habría perdido por seis o siete [golpes]".

Unas semanas después, Woods ganó el Open de Gran Bretaña del 2000 en St. Andrews, Escocia, cuna del golf. Su puntaje en el torneo fue de 19 bajo par, un nuevo récord para este evento. Esta victoria le permitió a Woods convertirse en el jugador más joven de la historia en ganar los cuatro Grand Slams en el curso de su carrera (los únicos otros ganadores del Grand Slam de "carrera" son Ben Hogan, Jack Nicklaus, Gene Sarazen y Gary Player).

Woods entró al Campeonato de la PGA, el ultimo evento del Grand Slam de la temporada del 2000, como favorito. Pero esta vez, el joven astro no consiguió fácilmente la victoria. Ganó el campeonato por un margen estrecho, venciendo a Bob May por un golpe, en un tenso y dramático partido decisivo. "Fue una batalla memorable la de hoy y la disfruté", afirmó Woods al terminar el juego. "Birdie a birdie, tiro a tiro, estábamos uno al lado del otro". Su triunfo en el Campeonato de la PGA lo convirtió en el primer jugador en ganar consecutivamente varios campeonatos de la PGA desde 1937. Además, esta victoria le permitió convertirse en el primer jugador en casi 50 años en ganar tres de los cuatro eventos más importantes de la PGA en el mismo año. Pero Woods indicó que todavía tenía metas que alcanzar en los próximos años. "Me siento muy afortunado por haber ganado tantos torneos, pero hay muchas cosas que todavía no he logrado", afirmó.

Su fama y fortuna van en aumento

La espectacular temporada del 2000 de Woods lo convirtieron en un hombre muy rico. Para cuando terminó la temporada, había obtenido ganancias de $8.49 millones de dólares en el campo de golf, alrededor de $5 millones más que cualquiera de los demás jugadores del circuito. Estas ganancias lo ubicaron primero en la lista de ganancias obtenidas a lo largo de toda una carrera en la PGA, con un total de $19.8 millones de dólares. Además, se estima que Woods gana otros 30 millones de dólares por aparecer en la publicidad de artículos de golf (como las pelotas de golf y la ropa deportiva Nike) y productos para el consumidor (como los cereales para el desayuno Wheaties).

Algunos creen que nadie merece ganar tanto por anunciar productos. Pero los ejecutivos de televisión y publicidad consideran que la extraordinaria popularidad de Woods entre las personas de todas las edades y todos los grupos étnicos lo convierten en un representante muy eficaz. "Antes de que Woods se convirtiera en profesional en 1996, el Circuito de la PGA no tenía ningún atleta que fuera una verdadera superestrella", observó *Golf World* en noviembre del 2000. "Su [audiencia] demográfica se limitaba principalmente a hombres de raza blanca, y el porcentaje de espectadores televisivos estaba más próximo al del boliche que al del básquetbol. Woods cambió todo eso. Ha llevado el juego más allá de sus fronteras raciales, ha ganado más torneos (24) que cualquier otro jugador activo y ha modificado drásticamente el concepto del golf en Estados Unidos".

En realidad, Woods ha llevado el golf profesional a nuevos niveles de popularidad. Los ejecutivos de televisión estiman que los torneos en los que interviene Woods atraen el doble de audiencia que los torneos en los que no participa. "La popularidad de Tiger y el efecto sobre la audiencia han sido tan profundos que, a veces, eclipsan a los torneos en los que interviene", explica Mark Hyman en *Business Week*.

—————— **"** ——————

"Antes de que Woods se convirtiera en profesional en 1996, el Circuito de la PGA no tenía ningún atleta que fuera una verdadera superestrella", observó Golf World en noviembre del 2000. "Su [audiencia] demográfica se limitaba principalmente a hombres de raza blanca, y el porcentaje de espectadores televisivos estaba más próximo al del boliche que al del básquetbol. Woods cambió todo eso. Ha llevado el juego más allá de sus fronteras raciales, ha ganado más torneos (24) que cualquier otro jugador activo y ha modificado drásticamente el concepto del golf en Estados Unidos".

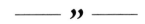

*Woods celebrando su triunfo en el torneo Masters en el césped del hoyo 18°
del Club Nacional de Golf de Augusta, 8 de abril del 2001.*

Woods también ha reservado parte de sus ganancias para obras de caridad. Por ejemplo, utilizó medio millón de dólares para establecer la Fundación Tiger Woods en 1997. La organización realiza varias clínicas de golf por año para niños pobres y pertenecientes a las minorías étnicas. A menudo, Woods ofrece atención personalizada a los jóvenes golfistas que asisten a estas clínicas. Además, la fundación brinda ayuda a otros grupos de apoyo a los jóvenes que trabajan con niños de los barrios pobres. "Al ocuparse de los niños de los barrios pobres, que antes no recibían atención, la Fundación Tiger Woods continúa cambiando la cara del golf, haciendo que incluya más jóvenes y miembros de las minorías", declaró Woods. "Me siento más orgulloso de mi trabajo en la Fundación Tiger Woods que de mi participación en cualquiera de los torneos que he ganado. A través del golf, podemos difundir el mensaje de la ética deportiva, las relaciones familiares, la educación y los valores sólidos, sentando las bases para hacer del mundo un lugar mejor".

"Me siento más orgulloso de mi trabajo en la Fundación Tiger Woods que de mi participación en cualquiera de los torneos que he ganado. A través del golf, podemos difundir el mensaje de la ética deportiva, las relaciones familiares, la educación y los valores sólidos, sentando las bases para hacer del mundo un lugar mejor".

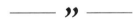

El "Tiger Slam"

Cuando empezó la temporada del 2001 de la PGA, Woods luchó por recuperar la magia de la temporada anterior. No ganó ninguno de los primeros seis torneos, y en realidad desperdició el liderazgo en uno de esos eventos (el Dubai Desert Classic). Pero a fines de marzo ganó el Bay Hill Invitational con una combinación impresionante de potentes tiros de tee, habilidosos golpes cortos para colocar la pelota cerca del hoyo y putts sólidos. Esta victoria le demostró al mundo que Tiger estaba listo para el torneo Masters del 2001, que estaba programado para comenzar dos semanas después.

A medida que se acercaba el torneo Masters, Woods se transformó aun más en el centro de la atención de los medios. Todo el mundo deportivo sabía que si el joven estrella obtenía el Masters del 2001, sería el primer golfista en retener los cuatro títulos del Grand Slam al mismo tiempo. Como resultado, una gran cantidad de fanáticos y periodistas lo siguieron por todo el campo de golf durante todo el torneo. Pero si todo este revuelo molestó a Tiger, no lo demostró en el campo de golf. Durante los dos primeros días del torneo de cuatro días, obtuvo puntajes que lo colocaron en posición para luchar por el título. En el tercer día, Woods tomó la delantera. Pero había muchos golfistas de primer nivel que estaban a uno o dos golpes del líder, así que sabía que debía jugar muy bien durante el último día para obtener la victoria.

―――― *"* ――――

"Esto es lo mejor que he logrado", declaró después de la victoria del Masters del 2001. "Cuando eres un niño, ni siquiera piensas en ganar los cuatro torneos más importantes de forma consecutiva. Todo lo que había soñado era competir contra los mejores jugadores y, quizás, ganar alguno de los torneos principales. ¿Pero ganar cuatro torneos de Grand Slam uno tras otro? Sin duda, estoy un poco asombrado".

―――― *"* ――――

En el último día del torneo, el nivel del juego de Woods se mantuvo alto. Se sobrepuso a los desafíos de Phil Mickelson y David Duval y obtuvo el Masters del 2001 por dos golpes. Después de obtener el título al embocar un tiro desde una distancia de 18 pies para lograr un birdie en el último hoyo, Woods apenas podía describir sus sentimientos al consagrarse campeón de los cuatro torneos de Grand Slam de la PGA. "Esto es lo mejor que he logrado", declaró después de la victoria. "Cuando eres un niño, ni siquiera piensas en ganar los cuatro torneos más importantes de forma consecutiva. Todo lo que había soñado era competir contra los mejores jugadores y, quizás, ganar alguno de los torneos principales. ¿Pero ganar cuatro torneos de Grand Slam uno tras otro? Sin duda, estoy un poco asombrado".

Después del Masters del 2001, fanáticos, periodistas deportivos y golfistas debatieron acerca de si la racha sorprendente de Woods era un verdadero Grand Slam. Después de todo, para obtener un Grand Slam en la era moderna hay que ganar los cuatro torneos principales de la PGA en el mismo año calendario. Woods no logró esto, pero mantuvo los cuatro títulos al mismo tiempo. Teniendo esto en cuenta, este logro espectacular se conoció en todo el mundo como el "Tiger Slam".

Camino a la grandeza

Pero después de obtener el Masters, Woods demostró que incluso el mejor jugador del mundo puede bajar su nivel de juego. Jugó sin buenos resulta-

*Woods sujeta el trofeo del ganador después de ganar el U.S. Open
en New York, 16 de junio del 2002.*

dos en varios torneos durante el verano del 2001 y no logró conseguir otro
título de Grand Slam. A medida que avanzaba la temporada del 2001, expresó su frustración y descontento con su desempeño. Pero Woods seguía
confiando en que podría volver a alcanzar su nivel de campeón antes de
que pasara mucho tiempo.

Esto resultó ser verdad, y la temporada del 2002 lo volvió a ver vencedor en
el Vardon Trophy. También obtuvo el premio al Jugador del Año de la PGA

──── " ────

"En el golf, la perfección siempre es esquiva. Pero eso no significa que uno no puede esforzarse para ser el mejor. Para mejorar, uno debe hacer su trabajo en el tee de práctica y en el césped. Esto significa dedicar tiempo y esfuerzo adicionales para desarrollar las habilidades naturales. Nadie te regala nada. Uno debe esforzarse para lograr lo que quiere".

──── " ────

por cuarta vez consecutiva, otra vez el primer jugador en lograr esta distinción, y ganó dos torneos de Grand Slam, el Masters y el U.S. Open. También rompió otro récord en la actividad deportiva con otro hito personal: Woods se transformó en el primer jugador en sobrepasar la marca de los $30 millones de dólares en ganancias obtenidas durante su carrera profesional.

Por su parte, Woods dice que simplemente trata de aprovechar al máximo sus aptitudes. "En el golf, la perfección siempre es esquiva", dijo. "Pero eso no significa que uno no puede esforzarse para ser el mejor. Para mejorar, uno debe hacer su trabajo en el tee de práctica y en el césped. Esto significa dedicar tiempo y esfuerzo adicionales para desarrollar las habilidades naturales. Nadie te regala nada. Uno debe esforzarse para lograr lo que quiere". Sus colegas están de acuerdo.

"Está llamado a ser el mejor jugador de todos los tiempos", dijo Johnny Miller, ex-estrella de la PGA y ahora locutor.

PASATIEMPOS Y OTROS INTERESES

Cuando Woods no está jugando al golf, le gusta la pesca con mosca y los juegos de video. También es fanático del básquetbol, y a menudo se lo puede ver como espectador cuando los Lakers de Los Ángeles juegan en casa.

Algunos de los amigos de Tiger Woods son otros atletas célebres, como Michael Jordan y Charles Barkley; otros son antiguos compañeros de la escuela y la universidad. De hecho, es sabido que Woods le ha pagado el pasaje a distintas partes del mundo a viejos amigos para que lo acompañaran en los torneos de golf.

PUBLICACIONES

How I Play Golf, 2001 (con los editores de Golf Digest)

PREMIOS Y DISTINCIONES

NCAA All-American, First Team (primer equipo de la NCAA All-American): 1995, 1996

Jack Nicklaus Award (premio Jack Nicklaus): 1996, mejor golfista universitario masculino del año)

Arete Award for Courage in Sports (premio Arete al coraje deportivo): 1996

Al Master Award (premio Al Master) (Stanford University): 1996, atleta más destacado (premio compartido)

Pac-10 Golfer of the Year (mejor jugador de golf del año del Pac-10): 1996

Rolex College Player of the Year (premio Rolex al mejor jugador universitario del año): 1996

Sportsman of the Year (deportista del año) (*Sports Illustrated*): 1996, 2000

PGA Tour Rookie of the Year (jugador novato del año del circuito de la PGA): 1996

ESPY Male Athlete of the Year (atleta masculino ESPY del año) (ESPN): 1997, 1999, 2001

PGA Player of the Year (jugador del año de la PGA): 1997, 1999, 2000

Male Athlete of the Year (atleta masculino del año) (Associated Press): 1997, 1999

Player of the Year (jugador del año) (Golf Writers Association of America): 1997, 1999, 2000

Vardon Trophy (trofeo Vardon): 1999, 2000, 2001, 2002

Masters Championship (campeonato Masters): 1997, 2001, 2002

PGA Championship (campeonato de la PGA): 1999, 2000

British Open Championship (el Open de Gran Bretaña): 2000

U.S. Open Championship (el U.S. Open): 2000, 2002

MÁS INFORMACIÓN

En inglés

Current Biography Yearbook, 1997

Golf Digest, febrero del 2001, pág. 78

Golf World, 10 de noviembre del 2000, pág. 28

New Yorker, 21 de agosto del 2000, pág. 106

Newsweek, 18 de junio del 2001, pág. 42

People, 28 de abril de 1997, pág. 89; 24 de julio del 2000, pág. 83

Sports Illustrated,. 3 de abril del 2000, pág. 78; 26 de junio del 2000, pág. 58; 31 de julio del 2000, pág. 52; 28 de agosto del 2000, pág. 70; 18 de septiembre del 2000, pág. G5; 18 de diciembre del 2000, pág. 52; 12 de marzo del 2001, pág. 44; 2 de abril del 2001, pág. 46; 16 de abril del 2001, pág. 34; 15 de julio del 2002, pág. G21

Sports Illustrated for Kids, enero del 2001
Time, 21 de abril de 1997, pág. 40; 14 de agosto del 2000, pág. 56
USA Today, 14 de junio del 2001, pág. C1

DIRECCIÓN

International Management Group
IMG Center Suite #100
1360 East Ninth Street
Cleveland, OH 44114-1782

SITIOS WEB

http://www.tigerwoods.com
http://www.pga.com

Créditos de fotografías e ilustraciones

Tom Brady/Photos: AP/Wide World Photos; Brian Snyder/TIMEPIX; AP/Wide World Photos; Win McNamee/TIMEPIX.

George W. Bush/Photos: AP/Wide World Photos; George Bush Presidential Library; AP/Wide World Photos; Steve Liss/TIMEPIX; Larry Downing/Reuters/TIMEPIX; TIME Magazine, copyright © Time Inc./TIMEPIX; Luke Frazza/Mai/TIMEPIX.

Jennifer Lopez/Photos: Courtesy Sony Music; David Lee; Van Redin; Ricco Torres; Barry Wetcher. CD cover: copyright © 2001 Sony Music Entertainment, Inc. DVD cover: copyright © 2000 Columbia Pictures Industries, Inc. Courtesy Columbia TriStar Home Entertainment.

Frankie Muniz/Photos: Deborah Feingold/FOX; Joe Viles/FOX. DVD cover: Courtesy of Universal Studios Home Video.

Ellen Ochoa/Photos: NASA; NASA/Reuters/TIMEPIX; NASA.

Julia Roberts/Photos: AP/Wide World Photos; Paul Slaughter; Robin Platzer/TIMEPIX; copyright © Touchstone Pictures; Ken Regan/Camera 5; Clive Coote; Suzanne Tenner; Demmie Todd; Bob Marshak; copyright © 2001 Touchstone Studios. DVD cover: Artwork and photography copyright © 2001 Warner Bros. Courtesy Warner Bros. Home Video.

Alex Rodriguez/Photos: Photo file/TIMEPIX; AP/Wide World Photos; Jeff Mitchell/TIMEPIX; Boys and Girls Clubs of Miami.

J.K. Rowling/Photos: Scholastic; copyright © 2001 Warner Bros; Peter Mountain; copyright © 2002 Warner Bros. Covers: HARRY POTTER AND THE SORCERER'S STONE jacket art copyright © 1998 by Mary Grand-Pré. Jacket design by Mary GrandPré and David Saylor; HARRY POTTER AND THE CHAMBER OF SECRETS and HARRY POTTER AND THE PRISONER OF AZKABAN jacket art copyright © 1999 by Mary Grand-Pré. Jacket design by Mary GrandPré and David Saylor; HARRY POTTER AND THE GOBLET OF FIRE jacket art by Mary GrandPré. Jacket design by Mary GrandPré and David Saylor.

Ruth Simmons/Photos: Clark Quin/Brown University; John Abromowski/ Brown University; AP/Wide World Photos.

Shakira/Photos: AP/Wide World Photos; Christopher Morris/Black Star/ TIMEPIX; AP/Wide World Photos. CD covers: Grand exitos Sony discos. Copyright © 2002 Sony Music Entertainment; Laundry Service copyright © 2001 Sony Music Entertainment; Pies descalzos (p) & © 1995 Sony Music Entertainment (Columbia) S.A.

Tiger Woods/Photos: Shaun Best/TIMEPIX; The Orange County Register; Robert Beck/TIMEPIX; Alan Mothner/TIMEPIX; Kevin LaMarque/TIMEIX; Mike Segar/Reuters/TIMEPIX.

Índice acumulativo de *Biografías Hoy*

Este índice acumulativo incluye los nombres, ocupaciones, nacionalidades y origen étnico de todas las personas cuyas biografías aparecen en la serie en idioma español *Biografías Hoy*.

Biography Today Library

The following includes a complete list of the people who have been profiled in English in the general series of *Biography Today*.

1992

Paula Abdul
Andre Agassi
Kirstie Alley
Terry Anderson
Roseanne Arnold
Isaac Asimov
James Baker
Charles Barkley
Larry Bird
Judy Blume
Berke Breathed
Garth Brooks
Barbara Bush
George Bush
Fidel Castro
Bill Clinton
Bill Cosby
Diana, Princess of Wales
Shannen Doherty
Elizabeth Dole
David Duke
Gloria Estefan
Mikhail Gorbachev
Steffi Graf
Wayne Gretzky
Matt Groening
Alex Haley
Hammer
Martin Handford
Stephen Hawking
Hulk Hogan
Saddam Hussein
Lee Iacocca
Bo Jackson
Mae Jemison
Peter Jennings
Steven Jobs
Pope John Paul II
Magic Johnson
Michael Jordon
Jackie Joyner-Kersee
Spike Lee
Mario Lemieux
Madeleine L'Engle
Jay Leno

Yo-Yo Ma
Nelson Mandela
Wynton Marsalis
Thurgood Marshall
Ann Martin
Barbara McClintock
Emily Arnold McCully
Antonia Novello
Sandra Day O'Connor
Rosa Parks
Jane Pauley
H. Ross Perot
Luke Perry
Scottie Pippen
Colin Powell
Jason Priestley
Queen Latifah
Yitzhak Rabin
Sally Ride
Pete Rose
Nolan Ryan
H. Norman
    Schwarzkopf
Jerry Seinfeld
Dr. Seuss
Gloria Steinem
Clarence Thomas
Chris Van Allsburg
Cynthia Voigt
Bill Watterson
Robin Williams
Oprah Winfrey
Kristi Yamaguchi
Boris Yeltsin

1993

Maya Angelou
Arthur Ashe
Avi
Kathleen Battle
Candice Bergen
Boutros Boutros-Ghali
Chris Burke
Dana Carvey
Cesar Chavez
Henry Cisneros

Hillary Rodham Clinton
Jacques Cousteau
Cindy Crawford
Macaulay Culkin
Lois Duncan
Marian Wright Edelman
Cecil Fielder
Bill Gates
Sara Gilbert
Dizzy Gillespie
Al Gore
Cathy Guisewite
Jasmine Guy
Anita Hill
Ice-T
Darci Kistler
k.d. lang
Dan Marino
Rigoberta Menchu
Walter Dean Myers
Martina Navratilova
Phyllis Reynolds Naylor
Rudolf Nureyev
Shaquille O'Neal
Janet Reno
Jerry Rice
Mary Robinson
Winona Ryder
Jerry Spinelli
Denzel Washington
Keenen Ivory Wayans
Dave Winfield

1994

Tim Allen
Marian Anderson
Mario Andretti
Ned Andrews
Yasir Arafat
Bruce Babbitt
Mayim Bialik
Bonnie Blair
Ed Bradley
John Candy
Mary Chapin Carpenter
Benjamin Chavis
Connie Chung

Beverly Cleary
Kurt Cobain
F.W. de Klerk
Rita Dove
Linda Ellerbee
Sergei Fedorov
Zlata Filipovic
Daisy Fuentes
Ruth Bader Ginsburg
Whoopi Goldberg
Tonya Harding
Melissa Joan Hart
Geoff Hooper
Whitney Houston
Dan Jansen
Nancy Kerrigan
Alexi Lalas
Charlotte Lopez
Wilma Mankiller
Shannon Miller
Toni Morrison
Richard Nixon
Greg Norman
Severo Ochoa
River Phoenix
Elizabeth Pine
Jonas Salk
Richard Scarry
Emmitt Smith
Will Smith
Steven Spielberg
Patrick Stewart
R.L. Stine
Lewis Thomas
Barbara Walters
Charlie Ward
Steve Young
Kim Zmeskal

1995

Troy Aikman
Jean-Bertrand Aristide
Oksana Baiul
Halle Berry
Benazir Bhutto
Jonathan Brandis
Warren E. Burger

Ken Burns
Candace Cameron
Jimmy Carter
Agnes de Mille
Placido Domingo
Janet Evans
Patrick Ewing
Newt Gingrich
John Goodman
Amy Grant
Jesse Jackson
James Earl Jones
Julie Krone
David Letterman
Rush Limbaugh
Heather Locklear
Reba McEntire
Joe Montana
Cosmas Ndeti
Hakeem Olajuwon
Ashley Olsen
Mary-Kate Olsen
Jennifer Parkinson
Linus Pauling
Itzhak Perlman
Cokie Roberts
Wilma Rudolph
Salt 'N' Pepa
Barry Sanders
William Shatner
Elizabeth George
  Speare
Dr. Benjamin Spock
Jonathan Taylor
  Thomas
Vicki Van Meter
Heather Whitestone
Pedro Zamora

1996

Aung San Suu Kyi
Boyz II Men
Brandy
Ron Brown
Mariah Carey
Jim Carrey
Larry Champagne III
Christo
Chelsea Clinton
Coolio
Bob Dole
David Duchovny
Debbi Fields
Chris Galeczka
Jerry Garcia

Jennie Garth
Wendy Guey
Tom Hanks
Alison Hargreaves
Sir Edmund Hillary
Judith Jamison
Barbara Jordan
Annie Leibovitz
Carl Lewis
Jim Lovell
Mickey Mantle
Lynn Margulis
Iqbal Masih
Mark Messier
Larisa Oleynik
Christopher Pike
David Robinson
Dennis Rodman
Selena
Monica Seles
Don Shula
Kerri Strug
Tiffani-Amber Thiessen
Dave Thomas
Jaleel White

1997

Madeleine Albright
Marcus Allen
Gillian Anderson
Rachel Blanchard
Zachery Ty Bryan
Adam Ezra Cohen
Claire Danes
Celine Dion
Jean Driscoll
Louis Farrakhan
Ella Fitzgerald
Harrison Ford
Bryant Gumbel
John Johnson
Michael Johnson
Maya Lin
George Lucas
John Madden
Bill Monroe
Alanis Morissette
Sam Morrison
Rosie O'Donnell
Muammar el-Qaddafi
Christopher Reeve
Pete Sampras
Pat Schroeder
Rebecca Sealfon
Tupac Shakur

Tabitha Soren
Herbert Tarvin
Merlin Tuttle
Mara Wilson

1998

Bella Abzug
Kofi Annan
Neve Campbell
Sean Combs (Puff
  Daddy)
Dalai Lama (Tenzin
  Gyatso)
Diana, Princess of Wales
Leonardo DiCaprio
Walter E. Diemer
Ruth Handler
Hanson
Livan Hernandez
Jewel
Jimmy Johnson
Tara Lipinski
Jody-Anne Maxwell
Dominique Moceanu
Alexandra Nechita
Brad Pitt
LeAnn Rimes
Emily Rosa
David Satcher
Betty Shabazz
Kordell Stewart
Shinichi Suzuki
Mother Teresa
Mike Vernon
Reggie White
Kate Winslet

1999

Ben Affleck
Jennifer Aniston
Maurice Ashley
Kobe Bryant
Bessie Delany
Sadie Delany
Sharon Draper
Sarah Michelle Gellar
John Glenn
Savion Glover
Jeff Gordon
David Hampton
Lauryn Hill
King Hussein
Lynn Johnston
Shari Lewis

Oseola McCarty
Mark McGwire
Slobodan Milosevic
Natalie Portman
J. K. Rowling
Frank Sinatra
Gene Siskel
Sammy Sosa
John Stanford
Natalia Toro
Shania Twain
Mitsuko Uchida
Jesse Ventura
Venus Williams

2000

Christina Aguilera
K.A. Applegate
Lance Armstrong
Backstreet Boys
Daisy Bates
Harry Blackmun
George W. Bush
Carson Daly
Ron Dayne
Henry Louis Gates, Jr.
Doris Haddock
  (Granny D)
Jennifer Love Hewitt
Chamique Holdsclaw
Katie Holmes
Charlayne Hunter-Gault
Johanna Johnson
Craig Kielburger
John Lasseter
Peyton Manning
Ricky Martin
John McCain
Walter Payton
Freddie Prinze, Jr.
Viviana Risca
Briana Scurry
George Thampy
CeCe Winans

2001

Jessica Alba
Christiane Amanpour
Drew Barrymore
Jeff Bezos
Destiny's Child
Dale Earnhardt
Carly Fiorina
Aretha Franklin
Cathy Freeman

Tony Hawk
Faith Hill
Kim Dae-jung
Madeleine L'Engle
Mariangela Lisanti
Frankie Muniz
*N Sync
Ellen Ochoa
Jeff Probst
Julia Roberts
Carl T. Rowan
Britney Spears
Chris Tucker
Lloyd D. Ward
Alan Webb
Chris Weinke

2002
Aaliyah
Osama bin Laden
Mary J. Blige
Aubyn Burnside
Aaron Carter
Julz Chavez
Dick Cheney
Hilary Duff
Billy Gilman
Rudolph Giuliani
Brian Griese
Jennifer Lopez
Dave Mirra
Dineh Mohajer
Leanne Nakamura
Daniel Radcliffe
Condoleezza Rice
Marla Runyan
Ruth Simmons
Mattie Stepanek
J.R.R. Tolkien
Barry Watson
Tyrone Willingham
Elijah Wood

2003
Mildred Benson
Alexis Bledel
Barry Bonds
Kelly Clarkson
Vin Diesel
Michele Forman
Sarah Hughes
Enrique Iglesias
John Lewis
Andy Roddick

The following includes a complete list of the people who have been profiled in English in the subject series of *Biography Today*.

Artists Series

VOLUME 1
Ansel Adams
Romare Bearden
Margaret Bourke-White
Alexander Calder
Marc Chagall
Helen Frankenthaler
Jasper Johns
Jacob Lawrence
Henry Moore
Grandma Moses
Louise Nevelson
Georgia O'Keeffe
Gordon Parks
I.M. Pei
Diego Rivera
Norman Rockwell
Andy Warhol
Frank Lloyd Wright

Author Series

VOLUME 1
Eric Carle
Alice Childress
Robert Cormier
Roald Dahl
Jim Davis
John Grisham
Virginia Hamilton
James Herriot
S.E. Hinton
M.E. Kerr
Stephen King
Gary Larson
Joan Lowery Nixon
Gary Paulsen
Cynthia Rylant
Mildred D. Taylor
Kurt Vonnegut, Jr.
E.B. White
Paul Zindel

VOLUME 2
James Baldwin
Stan and Jan Berenstain
David Macaulay
Patricia MacLachlan
Scott O'Dell
Jerry Pinkney
Jack Prelutsky
Lynn Reid Banks
Faith Ringgold
J.D. Salinger
Charles Schulz
Maurice Sendak
P.L. Travers
Garth Williams

VOLUME 3
Candy Dawson Boyd
Ray Bradbury
Gwendolyn Brooks
Ralph W. Ellison
Louise Fitzhugh
Jean Craighead George
E.L. Konigsburg
C.S. Lewis
Fredrick L. McKissack
Patricia C. McKissack
Katherine Paterson
Anne Rice
Shel Silverstein
Laura Ingalls Wilder

VOLUME 4
Betsy Byars
Chris Carter
Caroline B. Cooney
Christopher Paul Curtis
Anne Frank
Robert Heinlein
Marguerite Henry
Lois Lowry
Melissa Mathison
Bill Peet
August Wilson

VOLUME 5
Sharon Creech
Michael Crichton
Karen Cushman
Tomie dePaola
Lorraine Hansberry
Karen Hesse

Brian Jacques
Gary Soto
Richard Wright
Laurence Yep

VOLUME 6
Lloyd Alexander
Paula Danziger
Nancy Farmer
Zora Neale Hurston
Shirley Jackson
Angela Johnson
Jon Krakauer
Leo Lionni
Francine Pascal
Louis Sachar
Kevin Williamson

VOLUME 7
William H. Armstrong
Patricia Reilly Giff
Langston Hughes
Stan Lee
Julius Lester
Robert Pinsky
Todd Strasser
Jacqueline Woodson
Patricia C. Wrede
Jane Yolen

VOLUME 8
Amelia Atwater-Rhodes
Barbara Cooney
Paul Laurence Dunbar
Ursula K. Le Guin
Farley Mowat
Naomi Shihab Nye
Daniel Pinkwater
Beatrix Potter
Ann Rinaldi

VOLUME 9
Robb Armstrong
Cherie Bennett
Bruce Coville
Rosa Guy
Harper Lee
Irene Gut Opdyke
Philip Pullman
Jon Scieszka
Amy Tan
Joss Whedon

225

VOLUME 10

David Almond
Joan Bauer
Kate DiCamillo
Jack Gantos
Aaron McGruder
Richard Peck
Andrea Davis Pinkney
Louise Rennison
David Small
Katie Tarbox

VOLUME 11

Laurie Halse Anderson
Bryan Collier
Margaret Peterson
   Haddix
Milton Meltzer
William Sleator
Sonya Sones
Genndy Tartakovsky
Wendelin Van Draanen
Ruth White

VOLUME 12

An Na
Claude Brown
Meg Cabot
Virginia Hamilton
Chuck Jones
Robert Lipsyte
Lillian Morrison
Linda Sue Park
Pam Muñoz Ryan
Lemony Snicket
   (Daniel Handler)

Performing Artists Series

VOLUME 1

Jackie Chan
Dixie Chicks
Kirsten Dunst
Suzanne Farrell
Bernie Mac
Shakira
Isaac Stern
Julie Taymor
Usher
Christina Vidal

Scientists & Inventors Series

VOLUME 1

John Bardeen
Sylvia Earle
Dian Fossey
Jane Goodall
Bernadine Healy
Jack Horner
Mathilde Krim
Edwin Land
Louise & Mary Leakey
Rita Levi-Montalcini
J. Robert Oppenheimer
Albert Sabin
Carl Sagan
James D. Watson

VOLUME 2

Jane Brody
Seymour Cray
Paul Erdös
Walter Gilbert
Stephen Jay Gould
Shirley Ann Jackson
Raymond Kurzweil
Shannon Lucid
Margaret Mead
Garrett Morgan
Bill Nye
Eloy Rodriguez
An Wang

VOLUME 3

Luis W. Alvarez
Hans A. Bethe
Gro Harlem Brundtland
Mary S. Calderone
Ioana Dumitriu
Temple Grandin
John Langston
   Gwaltney
Bernard Harris
Jerome Lemelson
Susan Love
Ruth Patrick
Oliver Sacks
Richie Stachowski

VOLUME 4

David Attenborough
Robert Ballard
Ben Carson
Eileen Collins
Biruté Galdikas
Lonnie Johnson
Meg Lowman
Forrest Mars Sr.
Akio Morita
Janese Swanson

VOLUME 5

Steve Case
Douglas Engelbart
Shawn Fanning
Sarah Flannery
Bill Gates
Laura Groppe
Grace Murray Hopper
Steven Jobs
Rand and Robyn Miller
Shigeru Miyamoto
Steve Wozniak

VOLUME 6

Hazel Barton
Alexa Canady
Arthur Caplan
Francis Collins
Gertrude Elion
Henry Heimlich
David Ho
Kenneth Kamler
Lucy Spelman
Lydia Villa-Komaroff

VOLUME 7

Tim Berners-Lee
France Córdova
Anthony S. Fauci
Sue Hendrickson
Steve Irwin
John Forbes Nash, Jr.
Jerri Nielsen
Ryan Patterson
Nina Vasan
Gloria WilderBrathwaite

Sports Series

VOLUME 1

Hank Aaron
Kareem Abdul-Jabbar
Hassiba Boulmerka
Susan Butcher
Beth Daniel
Chris Evert
Ken Griffey, Jr.
Florence Griffith Joyner
Grant Hill
Greg LeMond
Pelé
Uta Pippig
Cal Ripken, Jr.
Arantxa Sanchez
   Vicario
Deion Sanders
Tiger Woods

VOLUME 2

Muhammad Ali
Donovan Bailey
Gail Devers
John Elway
Brett Favre
Mia Hamm
Anfernee "Penny"
   Hardaway
Martina Hingis
Gordie Howe
Jack Nicklaus
Richard Petty
Dot Richardson
Sheryl Swoopes
Steve Yzerman

VOLUME 3

Joe Dumars
Jim Harbaugh
Dominik Hasek
Michelle Kwan
Rebecca Lobo
Greg Maddux
Fatuma Roba
Jackie Robinson
John Stockton
Picabo Street
Pat Summitt
Amy Van Dyken

VOLUME 4
Wilt Chamberlain
Brandi Chastain
Derek Jeter
Karch Kiraly
Alex Lowe
Randy Moss
Se Ri Pak
Dawn Riley
Karen Smyers
Kurt Warner
Serena Williams

VOLUME 5
Vince Carter
Lindsay Davenport
Lisa Fernandez
Fu Mingxia
Jaromir Jagr
Marion Jones
Pedro Martinez
Warren Sapp
Jenny Thompson
Karrie Webb

VOLUME 6
Jennifer Capriati
Stacy Dragila
Kevin Garnett
Eddie George
Alex Rodriguez
Joe Sakic
Annika Sorenstam
Jackie Stiles
Tiger Woods
Aliy Zirkle

VOLUME 7
Tom Brady
Tara Dakides
Alison Dunlap
Sergio Garcia
Allen Iverson
Shirley Muldowney
Ty Murray
Patrick Roy
Tasha Schwikert

VOLUME 8
Simon Ammann
Shannon Bahrke
Kelly Clark
Vonetta Flowers
Cammi Granato

Chris Klug
Jonny Moseley
Apolo Ohno
Sylke Otto
Ryne Sanborn
Jim Shea, Jr.

World Leaders Series

**VOLUME 1:
Environmental
Leaders 1**
Edward Abbey
Renee Askins
David Brower
Rachel Carson
Marjory Stoneman
  Douglas
Dave Foreman
Lois Gibbs
Wangari Maathai
Chico Mendes
Russell A. Mittermeier
Margaret and Olaus J.
  Murie
Patsy Ruth Oliver
Roger Tory Peterson
Ken Saro-Wiwa
Paul Watson
Adam Werbach

**VOLUME 2:
Modern African
Leaders**
Mohammed Farah
  Aidid
Idi Amin
Hastings Kamuzu Banda
Haile Selassie
Hassan II
Kenneth Kaunda
Jomo Kenyatta
Winnie Mandela
Mobutu Sese Seko
Robert Mugabe
Kwame Nkrumah
Julius Kambarage
  Nyerere
Anwar Sadat

Jonas Savimbi
Léopold Sédar Senghor
William V. S. Tubman

**VOLUME 3:
Environmental
Leaders 2**
John Cronin
Dai Qing
Ka Hsaw Wa
Winona LaDuke
Aldo Leopold
Bernard Martin
Cynthia Moss
John Muir
Gaylord Nelson
Douglas Tompkins
Hazel Wolf

227